\1日10分!/

1ヵ月分の**書き込み式教材**＆持ち歩ける**発音記号シート**付!!

楽して伝わる

タニケイ式 **英語発音トレーニング**

谷口 恵子
Keiko Taniguchi

はじめに

　本書で紹介するのは、本当にネイティブに伝わる英語発音を身につけるための大事なポイント、そして具体的な発音トレーニングの方法です。

　英語の発音に関する本は、たくさん出版されています。発音記号ごとの発音方法が写真とともに紹介されているものや、一つひとつの英単語にカタカナが振ってあって、初心者でも手に取りやすいイラストがたくさんついた本もあります。また、英語を教える指導者や研究者が読むような音声学にもとづいた難解な本もあります。

　でも、どうやらコミュニケーションにおいて本当に役立つ「伝わる発音」を身につけるための本がなさそうだと気づいたのが、本書を書こうと思ったきっかけでした。つまり、その本で紹介されているトレーニングさえすれば伝わる発音になる、というレベルまでいけるものが見つからなかったのです。

　私は英語学習コーチとして、主に社会人の方々に向けて英語学習法のセミナーを開催したり学習方法についての相談に乗ったりしています。その中で、英語学習者の方々からは「英語の発音を改善したい」「聞き返されないようになりたい」という声をよく聞きます。

特に、仕事の現場で英語を話すことが必要とされている人ほど、英語の発音については切実な思いを持っています。そんな方々には、できるだけ効率的にトレーニングをして伝わる発音を身につけていただきたいのですが、実は発音記号ごとの発音を丁寧に練習するだけでは、伝わる英語はいつまでたっても身につきません。
　それよりも簡単に、効果的に伝わる発音を身につける方法を、本書ではご紹介します。

　英語の発音は、意識して練習すれば、大人になってからでも改善できます。ただし、効率的に発音を変えていくためには、伝わる英語にするための重要なポイントを知ったうえで練習することが必要です。そうでなければ、遠回りをして何年もかけて発音練習をすることになってしまいます。

　私自身も、英語の発音を意識的に練習し始めたのは社会人になってからです。中学高校の頃から英語は好きな科目ではありましたが、センター試験を受験したのもリスニング試験が始まるより前のことでしたし、英語の音に対して敏感ではありませんでした。

　もちろん、英語の発音を意識的に練習したこともなく、最初に就職した外資系IT企業で海外のエンジニアと英語で話したときには、しょっちゅう聞き返されていました。

はじめに

　でもそのあとに一念発起して集中的に発音トレーニングをおこない、今ではネイティブに英語を聞き返されることは、ほぼなくなりました。つまり伝わりやすい英語発音に変えていくことができたのです。

　本書では、こうした私自身の経験をもとに、忙しい社会人にとっても続けやすく、短期間で効果が出やすい方法を「タニケイ式英語発音トレーニング」としてお伝えします。

　ぜひ本書を活用して、できるだけ早く伝わる発音を身につけてください。そして、そのあとはどんどん英語でのコミュニケーションをすることで、さらに英語らしい発音を磨いていってください。

　伝わる英語が身につけられると、英語でのコミュニケーションに自信がついて、英語を話すことが楽しくなっていきます。本書をきっかけに、その楽しさを味わっていただけたら大変嬉しく思います。

ワクワク英語学習コーチ
谷口 恵子（タニケイ）

目次 Contents

はじめに 03
この本の使い方 10

第1章 ネイティブに伝わる英語発音に変えていくために
ネイティブに伝わる英語発音をめざそう 18
「伝わる発音」はどうすれば身につけられるのか 22
どれくらいの期間で「伝わる発音」が身につけられるのか 25
発音力がどんどん上がるタニケイ式発音トレーニングとは 27

第2章 日本語と英語の発音の違いを知ろう
カタカナ発音の最大の原因はこれ！ 37
英語は日本語よりも音の種類が多い 41
英語のイントネーションとアクセントの正体 42
英語と日本語の音節の違い 45

第3章 英語らしい発音をマスターするための5つの要素
文単位で伝わる発音に変えていこう 48
伝わる発音に変えていくための5要素 50

伝わる英語発音の要素①音の変化（リンキング）.................54
伝わる英語発音の要素②アクセント................................72
伝わる英語発音の要素③イントネーション....................84
伝わる英語発音の要素④リズム＆スピード....................94
伝わる英語発音の要素⑤発音記号..................................108

第4章　タニケイ式発音トレーニングを始めよう

1日10分のタニケイ式発音トレーニング......................122
文単位で練習する..124
3ステップで効果を出すタニケイ式発音トレーニング..........127
発音トレーニングの題材の選び方.....................................137
発音トレーニングに使う映画・ドラマの探し方.................138
ソフトやアプリを活用して録音、再生しよう....................150
毎日続けることが大事..152
タニケイ式発音トレーニング Q＆A..................................154

第5章　30日間の英語発音トレーニング実践！

Day01..165
Day02..167
Day03..169
Day04..171
Day05..173

Day06	175
Day07	177
Day08	179
Day09	181
Day10	183
Day11	185
Day12	187
Day13	189
Day14	191
Day15	193
Day16	195
Day17	197
Day18	199
Day19	201
Day20	203
Day21	205
Day22	207
Day23	209
Day24	211
Day25	213
Day26	215
Day27	217
Day28	219

Day29 221
Day30 223

第6章 EnglishCentralを使ったタニケイ式発音トレーニング

タニケイ式発音トレーニングにピッタリのEnglishCentral ... 230
EnglishCentralで発音トレーニングをしてみよう 235
EnglishCentral有料会員と無料会員の違い 247

コラム

発音力を上げるとリスニング力も上がる 32
音読から始めてはいけない 120
自信を持って堂々と話そう 159
日常的に英語の発音へのアンテナを高くしよう 226

Appendix

発音記号と仲良くなろう 250

巻末付録

持ち歩ける発音記号一覧表

この本の使い方

　この本は、第1章から第3章で、英語らしい発音に変えていくために知っておきたいことをご紹介し、第4章でタニケイ式英語発音トレーニングの進め方をご紹介します。

　すでに発音の基本は身につけている、すぐにでも発音トレーニングに入りたい、という方もいらっしゃるかもしれませんが、本書ではほかの発音練習の本とは違うアプローチをとります。できるだけ楽をして本当に伝わりやすい英語に変えていけるように、短期間で変えられて、伝わる英語にする効果が大きいものから優先的に取り組んでいきます。

　ですので、第1章から第3章もできるだけ飛ばさずに読んでいただき、大事なポイントがわかった状態で第4章のトレーニングを始めていただければと思います。

　第5章では、英語発音トレーニングをすぐに実践できるように、30日分の教材と解説を用意しています。ぜひチャレンジしてみてくださいね。第6章では、タニケイ式発音トレーニングにとても使いやすい、おすすめの英語学習ツール EnglishCentral をご紹介します。

なお、本書の音声や発音の解説は、アメリカ英語をベースにしています。同じ英語でもアメリカ、イギリス、カナダ、オーストラリア、そのほか、国によって発音に違いがあります。

自分が発音できるようになりたい英語はどこの国の英語に近いのか、映画やドラマ、YouTube動画などで、色々な国の英語を聞いて探してみましょう。そして、発音トレーニングに使う題材は、自分が話したい英語に近いものを使いましょう。

本書の構成

第1章　ネイティブに伝わる英語発音に変えていくために

ネイティブに伝わる英語発音はどうすれば身につくのか、どのくらいの期間トレーニングをすればいいのか、またタニケイ式発音トレーニングの特徴などをお伝えします。

第2章　日本語と英語の発音の違いを知ろう

英語らしい発音を身につけるには、ネイティブの発音の特徴をつかむことが大事ですが、細かい特徴に目を向ける前に、まずは日本語と英語の発音のおおまかな違いを知っておきましょう。この基本をおさえておくと、ネイティブの発音の特徴がグンとつかみやすくなります。

第3章　英語らしい発音をマスターするための5つの要素

　英語らしい発音をマスターするためには、①音の変化（リンキング）②アクセント　③イントネーション　④リズム＆スピード　⑤発音記号の5つを意識して、真似をしていくのがポイントです。一つひとつの要素を、どのようにつかんで真似をしていけばいいのか、丁寧に解説します。

第4章　タニケイ式発音トレーニングを始めよう

　タニケイ式発音トレーニングは、**ステップ1：リスニング**で、ネイティブの音を聞いて特徴をつかむ。**ステップ2：オーバーラッピング**で、ネイティブの音を真似して一緒に発音する。**ステップ3：発音チェック**で、自分の発音を録音してチェック＆修正する、という3ステップで進めます。

　この章では、どのように各ステップをおこなうかを説明し、トレーニング用の題材の選び方もご紹介します。

第5章　30日間の英語発音トレーニング実践！

　第4章でご紹介したタニケイ式発音トレーニングをすぐに始めたい方のために、30日分のトレーニング用教材をご用意しました。毎日1、2文の英文を使って発音トレーニングを10分から20分おこなっていきましょう。解説編では発音の特徴を、書きこみ例とともに丁寧に解説しています。

第6章　EnglishCentral を使ったタニケイ式発音トレーニング

　タニケイ式発音トレーニングにぜひ活用したい、動画を使った英語学習ツール EnglishCentral をご紹介します。スピーチ、インタビュー、CM、ニュース、映画の予告編など、さまざまなジャンルの生きた英語を使って、「見る」「学ぶ」「話す」のメニューで英語学習ができます。

　タニケイ式発音トレーニングと EnglishCentral の自動発音チェック機能を組み合わせて、発音力をどんどん向上させましょう。

Appendix　発音記号と仲良くなろう

　発音記号ごとの発音方法を解説しています。発音記号ごとの発音は、伝わる発音を身につけるために一番大切なものというわけではありません。でも知っておくと、さらに伝わる発音に近づけていくことができます。知りたいときにはこれを読めばわかる、という程度のやさしい解説にしていますので、参考にしてください。特に気をつけたい TH の発音、2種類のLの発音、LとRの練習法などもご紹介しています。

巻末付録　持ち歩ける発音記号一覧表

　本書の巻末には、切り取って持ち歩ける発音記号一覧表（母音・子音）を掲載しています。発音記号は一気に覚える必要はありません。音声を聞いて、気になったら何度でも見て、だんだん覚えていきましょう。

各種データダウンロード

本書の音声マーク（ 🔊 音声 ）がついている部分で聞くための音声（mp3ファイル）と、第5章の「30日間の英語発音トレーニング実践！」で使う書きこみ用シート（PDF）を、以下のウェブサイトからダウンロードしていただけます。

ダウンロード用URL http://pbook.info/pron

▶ 音声ダウンロード方法

PCとスマートフォン（iPhone、Android）のどれでもダウンロードできるように、複数の方法を用意しています。

● Podcastでのダウンロード方法（iPhone用）

手順

① iPhoneに搭載されているアプリPodcastを開きます。
② 画面下の [検索] ボタンを選択し、検索画面に「タニケイ式英語発音トレーニング」と入力して検索します。
③ 表示されたエピソードごとに [ダウンロード] ボタンを押して、音声をダウンロードします。
④ ダウンロード完了後は、画面下の [マイPodcast] ボタンからいつでも再生できます。

● Podcast でのダウンロード方法（Android 用）

手順

① Play ストアから Android 用 Podcast アプリ（Podcast & Radio Addict、Google ポッドキャストなど）をインストールして開きます。
② 検索画面で「タニケイ式英語発音トレーニング」と入力して検索します。
③ 表示されたエピソードごとに音声をダウンロードします。
④ ダウンロード完了後は、アプリ内にあるダウンロード済みのPodcast の一覧から選んでいつでも再生できます。

＊ Android のスマートフォンには標準搭載の Podcast アプリがありません。利用方法はアプリによって異なりますので、詳しくはアプリ内の説明やヘルプにしたがってください。

● サイトからの直接ダウンロード（Android 用、PC 用）

手順

① 次の URL にアクセスします。
　http://pbook.info/pron
② 本書で使用する計 99 個のファイルを1つのファイルに圧縮した zip 形式のノァイルがありよす。zip ファイルをダウンロードし、解凍して使用してください。
③ Android にダウンロード後は、Google Play などの好きな音声再生アプリで再生できます。PC にダウンロード後も同様に好きな音声再生ソフトで再生できます。

本書で紹介するタニケイ式発音トレーニングでは、スマートフォンの音声再生アプリや、PC の音声再生ソフトを使って音声を再生することをおすすめします。第 4 章で詳しく紹介しますが、音声再生アプリやソフトを使うと、音声のリピート再生やスピード変更が簡単にでき、トレーニングをするのにとても便利だからです。

　第1章から第4章の音声マーク 🔊 音声 のついているところでは、必ず音声を聞いて、自分でも真似をして発音しながら読み進めてください。

　また、第 5 章にはタニケイ式英語発音トレーニングの教材が 30 日分収録されています。音声を利用しながらトレーニングに取り組んでみましょう。

第1章

ネイティブに伝わる英語発音に変えていくために

📖 ネイティブに伝わる英語発音に変えていくために

ネイティブに伝わる英語発音をめざそう

　あなたは、どのくらいのレベルの発音を身につけたいですか？
　もちろん、できるだけきれいな発音で話せるようになりたい、ネイティブのように話せるようになりたい、という人もいると思います。でも、ほかにもやりたいこと、やらなければならないことがたくさんある中で、一日中発音練習だけをするわけにはいきません。そうなると、**できるだけ効率的に必要十分な発音力を身につけたい**ですよね。

　大人になってから練習をしてネイティブ並みの発音になるには、かなりの時間と労力がかかります。しかし、ちょっとしたコツをつかんで、集中的に発音トレーニングをすることで、「ネイティブに伝わる発音」に変えていくことができます。
　そして、ネイティブに伝わる発音に変えていくことができれば、ほとんどの場面で困ることはなくなります。つまり「ネイティブに伝わる発音」のレベルを身につけることは、とても費用対効果が高いのです。

　では「ネイティブに伝わる発音」とは何でしょうか。それは、**文全体として英語らしく聞こえる発音**です。

第1章　ネイティブに伝わる英語発音に変えていくために

　「英語の発音を練習する」といった場合、発音記号ごとの発音練習をしたり、単語単位の発音練習をすることが一般的です。しかし、こうした細かい単位での発音練習というのは、単調でつまらないうえに、それほど実践的ではありません。

　発音記号ごと、単語単位でどんなにきれいな発音を身につけられたとしても、実際のコミュニケーションの場で英語を話したら、やっぱり聞き返されてしまうということがあります。反対に、**細かい発音は多少間違えていても、文全体として英語らしい特徴で話せると、より伝わりやすくなります。**

　たとえば、こんな英文を話してみましょう。

🔊 音声 01

Could you turn on the light?

日本語訳　電気をつけていただけますか？

　色々な場で使えそうな便利なフレーズですね。さて、この英文をネイティブが自然に話すと、Could・you・turn・on・the・light?と単語ごとに話すのではなく、Could you を「クッジュー」とつなげたり、turn on を「ターノン」とつなげたりします。
　また、light? の語尾は軽く上がります。turn、light は強めに話しますが、そのほかの音は弱めに話します。そして、on the の部分はとても速く話すでしょう。

こうした文全体としての発音の特徴がつかめていれば、もし light の発音が間違っていて、right に聞こえたとしても、文脈や状況から意味はわかってもらえると思います。

このように、英語の文を話すときには、**単語と単語がくっついて音が変化したり、イントネーション（音の上がり・下がり）の変化があったり、アクセント（音の強い部分・弱い部分）の変化が多かったり、リズムやスピードの変化がある**、といった特徴があります。
そうした文単位の発音の特徴を無視して、細かい発音記号単位や単語単位の発音だけを練習しても、伝わる発音にはなりません。

ほとんどの日本人にとって必要なのは「ネイティブに伝わる発音」です。ネイティブと同じレベルの発音力までは必要ありません。
私たち日本人も、日本語が話せる外国人に、日本人と全く同じレベルの発音力は求めませんよね。多少イントネーションや細かい発音が間違っていても、言いたいことがわかれば、ストレスなくコミュニケーションをとることができます。

本書が目指すのは、ネイティブに話して聞き返されない「伝わる発音」を身につけることです。しかも本書では、できるだけ最短で「伝わる発音」が身につけられるように、まず第2章で英語発音における大事なポイントをおさえ、第3章ではどのようにその発音の特徴をとらえていくのかを練習し、第4章で具体的な英語発音トレーニングの方法をご紹介します。

本書に沿って、発音の大事なポイントをとらえて練習していただければ、効率的に「伝わる発音」を身につけることができます。

　もしかしたら、この本を手に取りながらも「英語の発音は子どもの頃からやっておかないと身につかないのでは？」と疑っている人もいるかもしれません。
　しかし、多くの人にとって十分なレベルの**「伝わる発音」に変えることは何歳からでもできます**。さらに、伝わる発音にするために何が必要なのかというポイントを知って、そこを意識して練習すれば、比較的短期間で伝わる発音に変えていくことができるのです。

　では、その「伝わる発音」はどうすれば身につけることができるのでしょうか。

「伝わる発音」はどうすれば身につけられるのか

　ネイティブに聞き返されない「伝わる発音」を身につけるために、本書では以下の3点を大事なポイントとして、発音トレーニングをしていきます。

(1) 文単位で練習する
(2) 特徴をつかむために聞いて書きこむ
(3) 自分の声を録音して比較する

　具体的なトレーニング方法は第4章で紹介しますが、ここでは、なぜこれらが大事なポイントになるのかをご説明します。

(1) 文単位で練習する
　先ほどお伝えしたように「伝わる発音」に必要なのは、文単位で英語らしい特徴をとらえた話し方をすることです。細かい発音が多少間違っていても、単語と単語をくっつけてスムーズに話したり、イントネーションやアクセントをしっかりつけてメリハリのある話し方をするだけで、英語は格段に伝わりやすくなります。
　そのため、本書でおすすめする発音トレーニングは、最初から文単位で練習をおこないます。

(2) 特徴をつかむために聞いて書きこむ

　伝わる発音に変えていくために、ネイティブの音声を聞いて真似をするのですが、音声を聞いただけでその特徴を真似するのは難しいかもしれません。ではどうやって特徴をつかんだらいいのでしょうか。これが2つ目のポイントです。

　まずは、ネイティブの音声を何度か聞きながら、その特徴を書きこみます。書きこむのは、以下の5つの特徴です。

> ① 単語と単語がつながって起こる音の変化（リンキング）
> ② アクセント
> ③ イントネーション
> ④ リズム＆スピード
> ⑤ 発音記号（気になった単語のみ）

　特徴を書きこもうとすることで、伝わる発音にするための大事なポイントを意識しながら聞くことができます。そして、実際に書きこむことで、ネイティブの自然な発音にはどういう特徴があるのかを意識することができます。
　この積み重ねによって、だんだんとネイティブの発音の特徴をつかむことができるようになっていくのです。

そして、自分が真似して話す段階でも、意識的にそうした特徴を真似するのに役立ちます。最初のうちは細かく書きこんでいた特徴も、だんだん聞いただけで真似できるようになっていきます。その変化も感じながら、トレーニングを進めてください。

　具体的にどのように一つひとつの特徴をつかんで書きこんでいくのかは、第3章でご紹介します。

(3) 自分の声を録音して比較する

　私たちが身につけたいのは、ネイティブに伝わりやすい発音です。そのために、タニケイ式発音トレーニングではネイティブの音声を聞いて、特徴をつかみ、真似して発音練習をします。そして、真似ができるようになったと思ったら、話している自分の声を録音して客観的に聞きます。この最後のステップがとても大切です。

　自分で話しているだけでは、本当に真似ができているかどうかわかりません。自分で話しながら、その自分の発音を客観的に聞くことは難しいものです。

　そのため、話している声を録音して、まるでほかの人の声を聞いているかのように、客観的に聞き直します。そして、ネイティブのお手本と聞き比べるのです。

　特徴的なところに注目して、きちんと真似ができているか、細かく確認しましょう。どこか違うと思ったら、何がその違和感の原因なのかを探ります。そして、少しずつ修正して近づけていくのです。

どれくらいの期間で「伝わる発音」が身につけられるのか

　さて、これから発音トレーニングをしようとする人にとって気になるのが、どのくらいの期間で「伝わる発音」が身につけられるのか、ということだと思います。

　このトレーニングをどれくらい続けるかは、スタート時点の発音力や、どのくらいまで発音力を高めたいかによりますが、**1日10分から20分のトレーニングを毎日続けるとして、期間の目安は1ヶ月から3ヶ月です。**

　1ヶ月続けるだけでも、英語を発音するときの重要なポイントが意識できるようになりますので、伝わりやすい英語に変わります。

　2ヶ月続けると、発音の特徴をつかんで真似をする力がより定着します。ネイティブの音声を聞いて真似するのが、1ヶ月目よりも格段に楽になったのが感じられるでしょう。
　こうなると、どんな英語もぱっと聞いて真似をすることができるようになるので、発音トレーニング以外にも、ふと英語を聞いたときに発音を練習することができます。

　また、3ヶ月も続けると、さまざまなバリエーションの文で発音トレーニングをおこなうことができますので、初めて話す文も、英語らしい発音で話すことができるようになります。

できるだけネイティブのような発音に近づけたいという方や、発音トレーニング自体が楽しくなってもっと続けたいという方は、3ヶ月で終えずに、納得いくまで続けていただいてかまいません。
　発音は練習すればするほど向上していきますし、発音記号ごとの細かい発音については、自分の発音が向上すればするほど、さらに練習したい音が増えていくものです。

　私自身が集中的に発音トレーニングをしたのは3ヶ月程度ですが、そのあとも、使ってみたいフレーズに出会ったときや、自分が思っていた発音と違うように感じたときには、その都度「聞いて真似する」発音練習をしています。
　そんなふうに、集中トレーニングの期間が終わったあとは、自分の生活の中に自然に発音練習を取り入れてください。

発音力がどんどん上がる
タニケイ式発音トレーニングとは

　本書では「伝わる発音」に変えていくために、集中的に発音トレーニングをすることをおすすめしていますが、一体どのようなトレーニングをするのでしょうか。

　具体的なステップは第4章でお伝えしますが、ここではタニケイ式発音トレーニングの3つの特徴をご紹介します。

> (1) 発音力向上サイクルで確実に発音力が上がっていく
> (2) 毎日違う文を使うから色々なバリエーションに触れられる
> (3) 1日10分、3ステップのトレーニングで続きやすい

(1) 発音力向上サイクルで確実に発音力が上がっていく

　タニケイ式発音トレーニングのベースになっているのは、発音力を向上させていくための次のようなサイクルです。

● 発音力向上サイクル ●

① **音を聞く**

　ネイティブが英語を話すときの音の特徴をしっかりつかみます。聞き流すのではなく、音の変化（リンキング）、アクセント、イントネーション、リズム＆スピード、発音記号（気になったところだけ）を書きこみながら、しっかりと音を聞きます。

②真似する

　聞いた特徴をそのまま再現するように、真似をして話します。耳で聞いて特徴がわかっていても、真似をして話せるとは限りません。

　書きこんだ特徴もヒントにしながら、できるだけ聞いた音を丸ごと真似するように話します。

③違いを発見

　ネイティブの英語と自分の話した英語を比べて、何が違うのかを見つけましょう。このときにも、音の変化（リンキング）、アクセント、イントネーション、リズム＆スピード、発音記号の５つを意識しながら比べてみましょう。

④修正する

　違う部分を発見したら、そこをネイティブの音声に近づけるように修正します。５つの大事な特徴の中で違いがあった部分を丁寧に修正していきましょう。

⑤定着させる

　修正できたら、その発音を定着させます。定着させるには、くり返しが必要です。できれば英文を見ないで言えるようになるまでくり返し話してみましょう。

　最後には気持ちをこめて、自分の言葉として話す練習をすると、実際にスピーキングで使う予行演習にもなります。

(2) 毎日違う文を使うから色々なバリエーションに触れられる

　この発音力向上のサイクルを、毎日違う文を使って回していくのが、タニケイ式発音トレーニングです。毎日違う文を使うのは、色々な発音のバリエーションに触れていただきたいからです。

　文が変われば、単語のつながりも変わりますし、強調したい内容が変わればアクセントもイントネーションも変わります。色々な文を使って発音練習をしていくことで、こういう文ならどこを強調して話すのが自然か、文末はどんなイントネーションで終わるのが自然か、ということがわかってきます。そうすると、初めて見る英文でも自然な発音で話すことができるようになります。

　発音記号単位や単語単位の発音だけを練習していると、なかなか、このレベルにはたどり着けません。また、特定の文だけをずっと発音練習していても、ほかのバリエーションに触れられず、初めて話す文について、自信を持って発音することができません。
　ですから、毎日違う文を使って発音トレーニングをするのです。

(3) 1日10分、3ステップのトレーニングで続きやすい

　タニケイ式発音トレーニングでは、**1日10分程度の発音練習を毎日**おこないます。
　英会話スクールに通うと、レッスン時間＋行き帰りの時間で少なくとも1時間以上まとまった時間を確保しなければなりません。オンライン英会話も、1回25分程度のものが多く、事前の予約が必要です。

しかしこのトレーニングなら、1日10分という短い時間で、いつでも自分の都合のよいときに取り組めるのです。

　また、トレーニングの内容が決まっているため、どうやって発音練習をしようかといちいち悩む必要がありません。

　発音の練習というのは、問題集を解く作業と違って「何問解いた」「何問正解だった」という客観的な数字で練習量と成果を測りにくいものです。そのため、モチベーションを保ちにくかったり、つい1回の練習をだらだら長くやって疲れてしまい、継続できないということもあるかもしれません。
　しかし、タニケイ式発音トレーニングは1日あたりの学習時間も、やる内容も決まっているので、集中して続けやすいトレーニングになっているのです。

　さぁ、タニケイ式発音トレーニングで「本当に伝わる」英語の発音を身につけていきましょう。

Column 1
発音力を上げると
リスニング力も上がる

　よく英語について「話せる音は聞き取れる」と言われますが、私自身の実感としても、多くの英語学習者の方々から聞く話からしても、これはだいたい合っているようです。なぜ英語の発音が良くなるとリスニング力も上がるのでしょうか。

　日本語には外来語がたくさん存在しますね。食卓を見れば、スプーン、フォーク、ナイフ。美味しいものといえば、チョコレート、クッキー、ケーキ。スポーツもサッカー、テニス、バレーボールなど。カタカナで表されるものはほとんどが外来語、つまり外国語に由来する言葉です。

　しかし、そうした外来語は元々の外国語の正しい発音とはかなり違います。たとえばチョコレートは英語では Chocolate、発音を無理やりカタカナで表せば、「チャックレッ」のような音です。

　そして、日本語では「チョコレート」とほとんど平坦に発音するか、「コレ」の部分がほんの少し高めの音になるくらいでしょう。英語では「チャ」の部分にアクセントがあり、ここが一番高い音になります。

Column 1　発音力を上げるとリスニング力も上がる

　Chocolate の発音を「チョコレート」だと認識している人が、「チャックレッ」という音を聞いたときには、英語の Chocolate とは結びつきません。なぜなら、その人の頭の中の音の辞書には、「チャックレッ」という音の単語がないからです。
　Chocolate =「チャックレッ」だというデータが頭の中の音の辞書に入って初めて、聞き取りもできるようになるのです。そういうわけで、単語の発音を正しく知っていることは、リスニング力に直結します。

　頭の中には、そうした単語ごとの発音の辞書だけでなく、音の特徴のデータベースのようなものがあります。英語の音の特徴のデータベースが頭の中にないと、英語の音を聞いたときに、きちんと分析ができないのです。

　たとえば、あとで詳しく説明する、英語の単語が 2 つ以上つながって違う音に聞こえるリンキングという現象。これも、頭の中にそのデータが蓄積されていくと、「イナルーム」と聞こえたら「in a room」のことだ、「カロフ」と聞こえたら「cut off」のことだ、とわかるようになっていきます。

　こうした英語特有の音の変化に慣れていない人は、頭の中にそうした音の変化のデータベースがないために、この現象に苦しんでしまいます。

でも、「in a room」を「イナルーム」、「cut off」を「カロフ」と自分で発音して何度も練習すれば、脳がこうした音の変化を認識できるようになるので、聞き取れるようにもなるのです。これは、全く同じ単語のつながりでなくても、似たような音のつながりなら聞き取れるようになっていきます。

　発音力を上げるとリスニング力アップにつながる、と言われているのはこうした理由からです。**自分で発音する → 脳に音のデータベースができる → 聞き取れるようになる**という仕組みなのです。

　ですから、もしあなたがリスニング力を上げたいと思っているなら、自分で発音できるようになることが最も手っ取り早い方法です。

　「試験で良いスコアを取りたいだけだから、リスニングだけやればいい、発音の練習はいらない」と思っている方もいるかもしれませんが、ただ音声を聞いているだけでは、なかなかリスニング力は上がりません。英語の音をきちんと英語の音のまま聞き取って、真似して発音して、その発音の特徴を覚えることが効果的なのです。

　伝わる発音で話せるようになりたい方だけでなく、リスニング力を上げたいと思っている方も、ぜひ発音トレーニングを始めてみてください。

Chapter 2
第2章

日本語と英語の発音の
違いを知ろう

📖 日本語と英語の発音の違いを知ろう

　第1章では、「伝わる発音」に変えていくために本書ではどのようなアプローチをとるのか、ということをお伝えしました。ネイティブの英語を聞いて、真似して、練習していくこと。1日10分のタニケイ式英語発音トレーニングをおこなっていくことをご理解いただけたかと思います。

　この第2章では、伝わる発音を身につけるために必ず知っておきたい「日本語と英語の発音の違い」をお伝えします。これは、英語の音の特徴のつかみ方やトレーニング方法などの、具体的な内容の前提知識となります。
　日本語にはない英語の特徴を知ってからトレーニングを始めることで、トレーニングの効果がグンと上がります。

　もしかすると、この章を読むだけで、自分の英語が英語らしく聞こえなかった原因がわかる人もいるかもしれません。自分がこれまで意識していなかった点があれば、しっかり理解してから第3章に進みましょう。

カタカナ発音の最大の原因はこれ！

　日本人の英語が英語らしく聞こえない、いわゆるカタカナ発音になってしまう原因として、子音で終わる単語なのに、よけいな母音をつけてしまうことがあげられます。

　たとえば、parkを「パー**ク**」と発音したり、boatを「ボー**ト**」と発音してしまうことです。英語の場合には、kやtのような子音で終わる単語が多くあり、その場合には「ウ」や「オ」のような母音をつけずに、子音の発音だけで言い終えるのが正しい発音なのです。
　日本語のカタカナでは正確に表すのが難しいのですが、kの音なら声を出さずに「クッ」と短く言うと近いでしょう。tの音なら、声を出さずに「トゥッ」と短く言うと近い音になります。

　また、このような子音で終わる単語だけでなく、単語の中で子音が連続することもよくあります。
　たとえば、straightは「ストレイト」と発音せず「スチュレイッ」のように発音したほうが英語らしくなります。strの部分には母音が入っていないので、ここでもsやtに「ウ」や「オ」といった母音をつけないのが正しい英語の発音なのです。

日本語の場合には、子音を連続して発音したり、子音で終わるような音がないため、英語の発音に慣れていないと、どうしても日本語のように母音をつけたくなってしまいます。

　カタカナ英語の最大の原因は、この「いらない母音をつけてしまうこと」です。英語らしく話すコツはほかにもあるのですが、まずはこの母音をつけてしまうクセをなくさないと、カタカナ英語を脱することができません。

　単語の中で子音が続いていたら、母音を入れずに子音だけを発音する、子音で終わっている単語は子音で終える、という意識を持ちましょう。

　では、子音で終わる単語、子音が続く単語をそれぞれ練習しましょう。

◎子音で終わる単語

最後の子音に母音をつけないように注意！

🔊 音声 02

work [wˈɚːk]（仕事）
focus [fóʊkəs]（焦点）
term [tˈɚːm]（期間）
simple [símpl]（簡単な）
phase [féɪz]（段階）
month [mˈʌnθ]（月）
grade [gréɪd]（等級）
patent [pǽtnt]（特許）
feeling [fíːlɪŋ]（感覚）
perspective [pɚspéktɪv]（見方）

ここで、simple、phase、grade のように、スペルは e で終わっているのに、発音は子音で終わっているものがあるのに気づきましたか？

英語の単語で、スペルが e で終わる場合には、その e はほとんどの場合、母音として発音しません。スペルにつられて母音をつけないように注意しましょう。

◎子音が続く単語

下線部分の間に母音を入れないように注意!

🔊 音声03

<u>cl</u>ue [klúː]（手がかり）
<u>cr</u>isp [krísp]（パリパリする）
<u>spr</u>ing [spríŋ]（春）
<u>pl</u>easure [pléʒɚ]（喜び）
<u>scr</u>een [skríːn]（ついたて）
e<u>xtr</u>a [ékstrə]（余分の）
po<u>stp</u>one [poʊstpóʊn]（延期する）
o<u>pt</u>imi<u>st</u>ic [àptəmístɪk]（楽観的な）
<u>str</u>ength [stréŋθ]（強み）
<u>str</u>ategy [strǽtədʒi]（戦略）

いかがでしたか？ よけいな母音をつけないだけで、なんだか英語らしく発音できているように思いませんか？ 意識して練習すると、どんどんよけいな母音をつけないで発音することができるようになっていきますので、この意識は持ち続けてくださいね。

英語は日本語よりも音の種類が多い

　日本語では母音が 5 個、子音は 14 個ですが、英語では母音が 20 個程度、子音が 24 個もあります。つまり、**英語は日本語よりも音の種類がずっと多い**のです。

　日本語にはない音があったり、日本語では区別していない音が、微妙な違いによって分かれていたりします。たとえば英語では、口を大きく開けて発音する「ア」と、口を小さめに開けて言う「ァ」では違う母音になります。

　英語の音を日本語の音にあてはめて認識してしまうと、どうしても間違った発音で覚えてしまいます。ですから、できるだけ英語の音は英語のまま認識して、日本語に置き換えないようにしましょう。

　英語の音と日本語の音は一対一ではないのだと知っていると、英語の音をより繊細に聞いたり、発音したりしようという意識が生まれます。そうやって、英語の音の種類の分だけ、音を聞き分けたり、言い分けたりできるようにしていくのです。

英語のイントネーションとアクセントの正体

　第１章でも触れましたが、英語の発音を伝わりやすいものにするために、とても大事な役目を果たすのが、イントネーションとアクセントです。日本語にもイントネーションやアクセントはありますが、英語のほうが、その変化の度合いが大きく、変化の回数も多いのです。
　英文にはイントネーションやアクセントがあることが普通なので、それらを全くつけずに平坦に話してしまうと、相手にはとても聞き取りづらい英語になってしまいます。
　ですから、**イントネーションやアクセントをつけて話すことも、相手への思いやり**です。恥ずかしがらずに、ぜひ思い切ったイントネーションやアクセントで話してみましょう。

　英語では必ず単語ごとにアクセントがあるため、英語のネイティブが日本語の単語を発音しようとすると、日本語とは違うアクセントを入れることが多くあります。

　たとえば、英語のネイティブが「アリ**ガ**トー！」というように、「ガ」というところを高く、長く、強く発音するのを聞いたことがないでしょうか？　日本語では「ありがとう」と言うとき、ほとんど平坦に話しますね。日本語にはあまり強弱のアクセントがないので、強弱アクセントがしっかりある英語の音の特徴に慣れるには、最初のうち、意識的にアクセントを入れて発音練習をする必要があります。

英語の単語の中でどこにアクセントがあるか、つまりどこを強く読むかは、辞書で発音記号を見ると確認することができます。

発音記号の上に ╱ のようなアクセント記号がありますよね。これが「単語の中で強く発音される部分」を表しています。そして、**アクセントは必ず母音につきます。子音だけを強く読むことはありません**。

単語内のアクセントの例を見てみましょう。

🔊 **音声 04**

contribute [kəntríbjʊt]（貢献する）

この単語では [r] の次の [i] にアクセントがついているので、「リ」を高く、強めに発音します。「カント**リ**ビューッ」のような発音になりますね。

英語で自己紹介をするときにも、日本語のように平坦に名前を言ってしまうと、英語のネイティブには聞き取りにくい発音になります。私なら「タニ**グ**チ」というように、「グ」の部分にアクセントを置いて高めに読みます。

このように、英語のネイティブに日本語の単語を話すときには、うしろから2番目の音を高く、強めに話すと伝わりやすくなりますので、ぜひ試してみてください。

そのほか、英語の文単位のアクセント（文の中でどの単語を強めに言うか）や、イントネーション（文末や途中で意識的に音を上げるなど）は、言いたいことを表すために、非常に重要な役割を果たします。

　詳しくは第3章で例文とともに紹介しますが、イントネーションやアクセントの違いによって、ニュアンスが変わってしまったり、強調したい部分が変わってきます。ときには、全く意図しない意味にとらえられてしまうかもしれません。イントネーションやアクセントの重要性を知って、言いたいことを正しく伝えましょう。

英語と日本語の音節の違い

　本章の最後に紹介したいのは「音節」という音の単位の話です。「音節」とは、ひとまとまりの音として発音される単位のことを指します。

　日本語の場合には「母音だけ」または「子音＋母音」という単位で音節があります。「っ」と「ん」だけは前の音節に含めてしまいます。

たとえば
「明日」を音節で区切ると　▶　あ・し・た（3音節）
「結婚式」を音節で区切ると　▶　けっ・こん・し・き（4音節）
「参加する」を音節で区切ると　▶　さん・か・す・る（4音節）
となります。

　これに対して、英語の場合には、母音が1つあるごとに音節が区切られます。

tomorrow を音節で区切ると　▶　to・mor・row（3音節）
wedding を音節で区切ると　▶　wed・ding（2音節）
join を音節で区切ると　▶　join（1音節）

wedding を日本語の音節と同じようにとらえてしまうと、ウ・エ・ディン・グ と4音節になりますが、実は英語では wed・ding の2音節です。

　こうした音節のうち、**単語のアクセントがある音節が「強音節」、アクセントがない音節が「弱音節」**と呼ばれます。wed・ding の場合には、wed が強音節、ding が弱音節です。強音節は目立つように長く伸ばして発音しますが、弱音節は短く速く発音します。

　日本語は単調に聞こえるのに対して、英語は変化に富んでいるように聞こえるのは、この音節の区切り方が違うことが1つの理由です。日本語の音節のとらえ方で英語を話してしまうと、英語らしく発音することができません。

　英語の音の特徴のとらえ方については、第3章で詳しくご紹介しますが、ここでは、日本語と英語では音のまとまりの単位が違っている、ということを覚えておいてください。

第3章
Chapter 3

英語らしい発音を
マスターするための5つの要素

英語らしい発音をマスターするための5つの要素

文単位で伝わる発音に変えていこう

　第2章で説明したように、英語の音には、日本語の音と違う特徴があります。その特徴をおさえて話さないと、伝わりにくい英語になってしまうのです。英語の発音に関する本の多くは、発音記号ごとの発音練習から入って、単語単位、文単位と長くして練習していきます。

　しかし、発音記号ごとの練習や単語単位の練習は、単調でつまらないため、その順番で練習をしていくと、文単位の練習に入る前に挫折してしまう可能性が高くなります。そして、発音記号単位や単語単位の発音練習で終わってしまうと、結局は伝わりにくい英語から脱することができません。

　ですから、本書でおすすめするタニケイ式発音トレーニングでは、最初から文単位での練習をおこないます。その中で、発音が気になる単語や発音記号が特定できたら、単語ごと、発音記号ごとに練習するのも効果的ですが、スタートは文単位です。

もちろん、発音記号ごとの発音は正しいに越したことはありません。しかし、完璧な発音で話せなくても、しっかりとアクセントやイントネーションをつけて、リズミカルに英語らしく話すことができれば、伝わりやすい英語になります。日本語を話す外国人の方に出会ったとき、完全に日本人のような発音でなかったとしても、十分伝わるケースは多いですよね。

　発音トレーニングといっても、**本書が目指すところは「文単位で伝わる発音に変えていくこと」**です。それが、実際の英語コミュニケーションにおいて最も効果を発揮すると考えるからです。では、文単位で伝わる発音に変えていくために、何をどのように意識すればいいのでしょうか？　ここからは、それをお伝えします。

伝わる発音に変えていくための5要素

さて、それでは「伝わる発音」に変えていくために重要な5つの要素を紹介します。

① **音の変化（リンキング）**
② **アクセント**
③ **イントネーション**
④ **リズム&スピード**
⑤ **発音記号**

①の**音の変化（リンキング）**は、単語と単語がつながって、つながった部分が違う音に変化したり、一部の音が脱落したりすることを指します。

たとえば、in an hour が「イナナワー」に聞こえたり、what kind が「ワッカインド」に聞こえたりしますよね。こんな現象が英語ではとてもよく起こります。

そして、この現象に慣れていないと英語が聞き取れない原因になったり、これを真似できないと話したときに不自然な英語になってしまったりします。

②の**アクセント**は、文の中でのアクセント（強弱の変化）のことです。英語のアクセントというと、第2章で説明したような「単語の中のアクセント」を思い浮かべる方が多いと思いますが、実は英語のアクセントには「単語の中のアクセント」と「文単位のアクセント」があります。

そして、伝わる発音にするためには、「単語の中のアクセント」だけでなく、「文単位のアクセント」が大事な役割を持っているのです。

たとえば、次の文では、どの単語が強めに発音されるでしょうか。

> **I have an appointment at seven o'clock.**
>
> **日本語訳** 私は7時に予定があります。

この文では、アクセントは appointment と seven の両方につきます。一般的に、重要な単語は強く発音しますから、この英文において重要な appointment と、時間を表す seven が強調されるのです。

③の**イントネーション**は、音が上がったり下がったりする変化のことです。英語では、このイントネーションの変化がしっかりとついていることが多く、また変化の種類もさまざまです。たとえば、疑問文の場合でも文末が上がって終わることもあれば、文末が下がって終わることもあります。

文末が上がる例
Did you join the party? ↗

日本語訳　パーティーに参加したの？

文末が下がる例
Which restaurant would you like? ↘

日本語訳　どのレストランがよろしいですか？

　音が上がる、下がるというのがどういうことか、つかみにくい人もいるかもしれませんので、あとで一緒に練習していきましょう。

　④の**リズム＆スピード**とは、単調に話すのではなく、リズミカルに弾むように話したり、速いところや遅いところの変化をつけて話すことです。日本語でも意識的にこうしたテクニックを使う人はいますが、英語では一般的に、大事なところが印象に残るようなリズムで話されます。

　先ほどの "I have an appointment at seven o'clock." の文のリズムを見てみると、次のようになっています。

> **I have an appointment at seven o'clock.**
>   ●   ●   ●

　●があるところがリズムがとられるところです。そして、リズムがとられるところの合間は速く話されます。そんなふうに、リズムとスピードが連動しているのです。

　⑤の**発音記号**は、これをうまく活用することで、音素単位、単語単位で正しい音で話すことができるようになっていきます。

　ただし、何度も述べているように、本書の発音トレーニングでは、こうした細かい発音の優先度は低くなっています。決して大事でないわけではないのですが、ここにばかり集中してしまうと、単調でつまらないトレーニングになってしまううえに、文単位で伝わりやすい英語に変えていくまでに、長い時間がかかってしまいます。

　ほかの4つの要素を優先的に意識して、余力があれば発音記号通りの正しい発音も意識してください。

　次からは、それぞれの要素について、もう少し詳しく見ていきましょう。特徴が出ている例文を音声つきで紹介しますので、音声を聞きながら意識して発音してみてください。

　また、練習問題も用意していますので、それぞれの要素がどうなっているのか、特徴をつかむ練習をしましょう。

伝わる英語発音の要素①音の変化（リンキング）

　英語の音声を聞いたときに、何と言っているのか全然わからなかったけれど、スクリプトを見たらとても簡単な文だったことはありませんか？
　たとえば「レッミーティンカバウリッ」と聞こえて「レッミー」「カバウリッ」って何？　と思ってスクリプトを見たら、"Let me think about it." だった、というような例です。英語にはこういった音の変化がよく起こります。そして、これが「リンキング」と呼ばれる現象です。

　リンキングとは、単語と単語がつながって聞こえることです。これには色々なパターンがあります。音が単純にくっついて発音されたり、つながった部分が違う音に変化したり、一部の音が聞こえなくなることもあります。

　こうした現象について、一般の英語学習者向けの書籍では「リンキング」以外にも、「リエゾン（音がつながって変化すること）」「リダクション（音が脱落すること）」といった言葉がよく使われます。
　一方、英語音声学の書籍では「連結、同化、消失」といった用語を使って、これらの現象を説明しています。本書では音の変化をまとめて「リンキング」と呼ぶことにします。

　たとえば、次の2つの文を見てみましょう。

🔊 音声 05

Have a nice day.

日本語訳　良い一日を！

　このような文を話すとき、単語ごとに「ハヴ・ア・ナイス・デイ」と区切って話すのではなく、「ハヴァナイスデイ」となめらかに話します。ここで、「ハヴ」と次の「ア」がくっついて、「ハヴァ」のようになるのもリンキングの一種です。**子音で終わる単語の次に、母音で始まる単語があれば、その子音と母音をくっつけて発音するのが一般的です。**

🔊 音声 06

Don't waste your time.

日本語訳　時間を無駄にしてはいけない。

　このときも「ドゥント・ウェイスト・ユア・タイム」ではなく「ドゥンウェイスチュアタイム」のようにつなげてなめらかに話します。

　そのとき、Don'tの最後のtの音は消えてしまいます。このように、**前の単語がtやdなどの子音で終わって、次の単語も子音で始まる場合には、前の単語の最後の子音を省略させて話すことが多くあります。**

　また waste your がつながって、「ウェイスチュア」と音が変化します。こうした、**子音＋yのつながりで起こる音の変化もリンキングの一種です。**

なぜこういった現象が起こるのでしょう。自分でも口に出してみるとわかりますが、このように音をつなげたり、省略させたり、変化させたりするほうが、次の単語に移るときに口の動きがなめらかになり、スムーズに話すことができるのです。

　こうした音の変化は、絶対のルールではなく、自然な会話の中でこのように発音されることが多い、というものです。ゆっくり話したり、ポーズ（空白）を入れながら話した場合には、単語と単語がくっつかなかったり、音が変化しないこともあります。

　また、同じ英語圏でも、それほど音を変化させないで話す国もあります。一般的に、アメリカ英語では特に音の変化が多く起こります。本書では、アメリカ英語でよく起こるリンキングをご紹介します。

▶ リンキングの例

◎子音＋母音（1つの音になる現象）

　前の単語が子音で終わり、次の単語の最初が母音のとき、子音と母音がつながって、1つの音になります。

　このパターンの例文を見てみましょう。音声を聞いて、真似してみてくださいね。

🔊 音声 07

① Can I call you later?
日本語訳　あとでお電話してもいいですか？

「キャン・アイ」ではなく「キャナイ」のように発音します。

② I don't believe it.
日本語訳　私は信じません。

「ビリーヴ・イット」ではなく「ビリーヴィッ」のように発音します。

③ I'm afraid we can't.
日本語訳　残念ながら私たちはできません。

「アイム・アフレイド」ではなく「アイマフレイド」のように発音します。

④ Can you tell us about yourself?
日本語訳　自己紹介をしてもらえますか？

「テル・アス・アバウト」ではなく「テラサバウト」のように発音します。

⑤ Turn off your cell phone, please.
日本語訳　携帯電話の電源を切ってください。

「ターン・オフ」ではなく「ターノフ」のように発音します。

◎子音＋y（音が混じって変化する現象）

　前の単語が子音で終わり、次の単語の最初が y で始まるとき、その 2 つの音が変化して違う音に変わります。

　このパターンの例文を見てみましょう。音声を聞いて、真似してみてくださいね。

🔊 **音声 08**

① Can you close the door?
日本語訳　ドアを閉めてもらえますか？

「キャン・ユー」ではなく「キャニュー」のように発音します。

② Would you mind if I open the window?
日本語訳　窓を開けてもよろしいですか？

「ウッド・ユー」ではなく「ウッジュー」のように発音します。

③ Have you finished the sales report?
日本語訳　売上レポートを作り終わりましたか？

「ハヴ・ユー」ではなく「ハビュー」のように発音します。

④ Bring your laptop to the meeting.

日本語訳 会議にノートPCを持ってきてください。

「ブリング・ユア」ではなく「ブリンギュア」のように発音します。

⑤ You can eat as much as you like.

日本語訳 好きなだけ食べていいですよ。

「アズ・ユー」ではなく「アジュー」のように発音します。

◎子音＋子音（音が聞こえなくなる現象）

前の単語が子音で終わり、次の単語が子音で始まるとき、前の単語の子音をはっきり発音しないことが多くなります。

このパターンの例文を見てみましょう。音声を聞いて、真似してみてくださいね。

🔊 音声 09

① What a ho(t) day today!
日本語訳 今日はなんて暑いの！

「ホット・デイ」ではなく「ハッデイ」のように発音します。

② Goo(d) luck on your job interview.
日本語訳 面接がんばってね。

「グッド・ラック」ではなく「グッラック」のように発音します。

③ We ha(d) to go to the office.
日本語訳 私たちはオフィスに行かないといけなかった。

「ハド・トゥ」ではなく「ハットゥ」のように発音します。

④　I nee(d) to leave soon.

日本語訳　私はもうすぐ行かなければいけない。

「ニード・トゥ」ではなく「ニートゥ」のように発音します。

⑤　We all agree(d) to meet on Sunday.

日本語訳　私たちは全員、日曜日に会うことに同意した。

「アグリード・トゥ」ではなく「アグリートゥ」のように発音します。

◎ t + 母音（ラ行のようになる現象）

　前の単語が t で終わり、次の単語が母音で始まるとき、その t と母音がくっついて変化し、日本語のラ行のような音に変わります。

　このパターンの例文を見てみましょう。音声を聞いて、真似してみてくださいね。

🔊 音声 10

① **What are your plans for the weekend?**
日本語訳　あなたの週末の予定は？
「ワット・アー」ではなく「ワラー」のように発音します。

② **I got a job as a designer.**
日本語訳　デザイナーとして就職した。
「ガット・ア」ではなく「ガラ」のように発音します。

③ **Thank you for inviting me, but I can't.**
日本語訳　誘ってくれてありがとう、でも参加できないわ。
「バット・アイ」ではなく「バライ」のように発音します。

④ **Ten out of twelve opposed the idea.**

日本語訳　12人中10人がその提案に反対した。

「アウト・オヴ」ではなく「アウロヴ」のように発音します。

⑤ **Don't put off going to the doctor.**

日本語訳　医者に診てもらうのを先延ばしにしてはいけません。

「プット・オフ」ではなく「プロフ」のように発音します。

▶ 音の変化（リンキング）の練習問題

では、次は練習問題です。

以下の文を聞いて、音が変化しているところに印をつけてみましょう。単語と単語がつながっているところ、音が変化しているところには ⌣ 、音が聞こえなくなっているところには ( ) のマークを入れてみてください。

🔊 音声 11

① He's coming back to the office in an hour.

② It was completely different from what we planned.

③ Why not pick up this discussion in the next meeting?

④ Don't spend too much time on social media.

⑤ She is the kind of person who never complains about anything.

⑥ We are confident about this plan, but we may have to compromise.

⑦ If you stick with it, you'll figure it out.

⑧ It turned out to be true that the company was in trouble.

⑨ Don't worry about things you can't change.

⑩ It's important to understand what exactly the problem is.

▶ 音の変化（リンキング）の練習問題（解答）

以下がリンキングのマークの記入例です。音声を聞きながら、音の変化（リンキング）を意識して、一緒に発音してみましょう。

🔊 音声 11

① He's comin(g) bac(k) to the office in‿an‿hour.

日本語訳 彼は1時間後にオフィスに戻ってきます。

- coming back to のつながりでは、coming の最後の子音と、back の最後の子音をはっきり発音しません。「カミング・バック・トゥ」ではなく「カミンバットゥ」のようになります。
- in an hour は「イン・アン・アワー」ではなく、音がつながって「イナナワー」のようになります。

② **I(t) was completely differen(t) from wha(t) we planned.**

日本語訳　それは私たちが計画したものとは完全に違っていました。

- It was のつながりでは、It の最後の子音 t をはっきり発音しません。「イトゥ・ワズ」ではなく「イッワズ」のようになります。
- what we のつながりでも、what の最後の子音 t をはっきり発音しません。「ワットゥ・ウィ」ではなく「ワッウィ」のようになります。

③ **Why no(t) pick up this discussion in the nex(t) meeting?**

日本語訳　この議論を次の会議で取り上げてはどうですか？

- pick up は「ピック・アップ」ではなく、音がつながって「ピカップ」のようになります。
- next meeting のつながりでは、next の最後の子音 t をとても弱く発音しています。「ネクストゥ・ミーティング」ではなく「ネクスミーティン」のようになります。

④ **Don'(t) spen(d) too much time on social media.**

日本語訳　ソーシャルメディアに多くの時間を使いすぎないようにね。

- don't spend too のつながりでは、don't の最後の子音 t と、spend の最後の子音 d をはっきり発音しません。「ドゥントゥ・スペンドゥ・トゥー」ではなく「ドゥンスペントゥー」のようになります。
- time on は「タイム・オン」ではなく、音がつながって「タイモン」のようになります。

⑤ **She is the kind of person who never complains about anything.**

日本語訳　彼女はどんなことにも不平を言わないタイプの人です。

- kind of は「カインド・オヴ」ではなく、音がつながって「カインドヴ」のようになります。
- complains about anything も「コンプレインズ・アバウトゥ・エニスィン」ではなく、音がつながって「コンプレインザバウレニスィン」のようになります。

⑥ **We are confident abou(t) this plan, bu(t) we may have to compromise.**

日本語訳　私たちはこのプランに自信がありますが、妥協しないと
いけないかもしれません。

- about this のつながりでは、about の最後の子音 t をはっきり発音しません。「アバウト・ディス」ではなく「アバウディス」のようになります。
- but we のつながりでは、but の最後の子音 t をはっきり発音しません。「バット・ウィ」ではなく「バッウィ」のようになります。

⑦ **If you stic(k) with it, you'll figure it out.**

日本語訳　がんばり続ければ、わかるよ。

- stick with のつながりでは、stick の最後の子音 k が弱く発音されています。
- また with it は音がつながって「ウィズ・イットゥ」ではなく「ウィズィッ」のようになります。
- figure it out は「フィギュア・イットゥ・アウト」ではなく、音がつながるとともに、t＋母音がラ行のような音に変わるため「フィギュアリッラウッ」のようになります。

⑧　I(t) turned out to be true tha(t) the company was in trouble.

日本語訳　会社が問題に巻き込まれているのは事実だということがわかった。

- It turned out のつながりでは、It の最後の子音 t をはっきり発音せず、turned out は「イットゥ・ターンドゥ・アウトゥ」ではなく、音がつながって「イッターンダウッ」のようになります。
- that the のつながりでは、that の最後の子音 t をはっきり発音しません。「ザット・ザ」ではなく「ザッザ」のようになります。

⑨　Don'(t) worry abou(t) things you can'(t) change.

日本語訳　あなたが変えられないことについて悩まないでください。

- Don't worry のつながりでは、Don't の最後の子音 t をはっきり発音しません。「ドゥント・ウォリー」ではなく「ドゥンウォリー」のようになります。
- about things のつながりでは、about の最後の子音 t をはっきり発音しません。「アバウト・ティングス」ではなく「アバウティングス」のようになります。

- can't change のつながりでも、can't の最後の t をはっきり発音しません。「キャントゥ・チェインジ」ではなく「キャンッチェインジ」のようになります。単純に t を取って「キャンチェインジ」とつなげてしまうと、can change という肯定文に聞こえてしまいます。can't の t をはっきり発音しないけれども「ッ」と音を飲み込むような間をもたせると、否定であることがわかりやすくなります。

⑩ **It's importan(t) to understand what exactly the problem is.**

日本語訳 本当は何が問題なのか理解することは大切です。

- important to のつながりでは、important の最後の子音 t をはっきり発音しません。「インポータント・トゥ」ではなく、「インポータントゥ」のようになります。
- what exactly は「ワット・エグザクトリ」ではなく、音がつながり、t＋母音の部分がラ行のような音に変わって「ワレグザクトリ」のようになります。
- problem is は「プロブレム・イズ」ではなく、音がつながって「プロブレミズ」のようになります。

伝わる英語発音の要素②アクセント

　文の中には強く聞こえる単語と、弱く聞こえる単語があります。英語では、このアクセントの変化によって、重要な単語とそうでない単語を聞き分けられるようになっているのです。

　ここでいう「強く聞こえる」というのは音量が大きいというよりも「長く伸ばして、高めの音で発音されるために目立つ」ということです。本書の中ではわかりやすく「強く聞こえる」と表現します。そして、弱く聞こえる部分は、たいてい短く速く話され、音も低いため、聞き取りにくくなります。

　アクセントがしっかり入っていると、とても英語らしく聞こえますし、どこが大事な部分なのかがわかりやすくなります。

　たとえば、以下の英文を聞いてみましょう。下線を引いた単語が強く聞こえます。また、下線部の単語の中で、✓ のマークがあるところが、単語の中のアクセントになります。

🔊 音声 12

You need to sign up on the website by tomorrow to join the keynote session.

日本語訳　その基調講演に参加するには、明日までにウェブサイト上で申し込みをする必要があります。

強く発音されるのは、文の中で意味を持つ大事な言葉です。そうした言葉は**「内容語」**と呼ばれます。その名の通り、文の内容を左右するような言葉です。一般的には名詞、動詞、形容詞、副詞（always、usually、never など）、疑問詞（what、which、who など）、指示代名詞（this、these など）、数詞（one、two、first、second など）が内容語となります。

　それに対して、文法上は必要だけれども、それほど内容には関係しない言葉は**「機能語」**と呼ばれます。たとえば、冠詞（the、a、an）、人称代名詞（I、you、he、she、they など）、前置詞（to、for、from、in、on など）、接続詞（when、before、after、if、because など）、助動詞（can、may、will など）、be 動詞、関係代名詞・関係副詞などが機能語になります。

● 内容語と機能語 ●

内容語（強く発音）	機能語（弱く発音）
名詞	冠詞（the、a、an）
動詞	人称代名詞（I、you、he、she、they…）
形容詞	前置詞（to、for、from、in、on…）
副詞（always、usually、never…）	接続詞（when、before、after、if、because…）
疑問詞（what、which、who…）	助動詞（can、may、will…）
指示代名詞（this、these…）	be動詞
数詞（one、two、first、second…）	関係代名詞・関係副詞

先ほどの文 "You need to sign up on the website by tomorrow to join the keynote session." を見ると、**need、sign、website、tomorrow、join、keynote、session** が内容語、それ以外が機能語ですね。

　また、sign up の up は前置詞と考えると機能語ですが、sign up のように動詞と一体になって意味のかたまりを作っている（句動詞と呼ぶ）場合には、前置詞であっても強く発音されます。

　英文を聞いたときに全部聞き取れなくても、内容語だけ聞き取れれば、言いたいことは大体わかります。そして、一般的には**内容語は強く、機能語は弱く発音される**ことが多いのです。

　また、内容語の中でも、**特に伝えたい部分はより強く発音します**。それによって、同じ文であってもニュアンスを変えることができます。

　強く発音するといっても、前述のように音量を大きくするということではありません。その単語を長く伸ばして、目立つように発音するのです。それとともに、音も高くなることが多くなります。

▶ アクセントの例

　たとえば、以下の文を自然に発音した場合、下線部分の単語が強く発音されます。

🔊 音声 13　　自然に発音した場合

I wént to the muséum yésterday.

日本語訳　昨日博物館に行きました。

　先ほど見た通り内容語である、動詞（went）、名詞（museum）、副詞（yesterday）が、強めに発音される単語ですね。
　しかし、伝えたい意味によっては、アクセントの位置が変わることもあります。3種類の異なるアクセントを聞いてみましょう。

🔊 音声 14　　アクセント・パターン 1

Í went to the museum yesterday.

　ほかの誰でもなく「**私が**」行ったということを強調したい場合、I を強く発音します。先ほどの内容語と機能語の分類でいうと、代名詞である I は機能語になりますが、機能語が強調される場合もあるのです。

🔊 音声 15　　アクセント・パターン 2

I went to the muśeum yesterday.

　ほかの場所ではなく「**博物館**」に行ったということを特に強調したい場合には、museum を強く発音します。museum は元々内容語なので強めに発音される単語ですが、こうした意図があるときには、内容語の中でも特に強く目立つように発音されます。

🔊 音声 16　　アクセント・パターン 3

I went to the museum ýesterday.

　ほかの日ではなく「**昨日**」行ったことを強調したい場合には、yesterday を強く発音します。yesterday も元々内容語なので強めに発音される単語ですが、こうした意図があるときには、内容語の中でも特に目立つように発音されます。

　自分が発音するときだけでなく、英語を聞くときにも、意識して強めに聞こえる部分を探してみましょう。もし特定の単語が強く聞こえたら、そこに意味があるのです。

▶ アクセントの練習問題

では、次は練習問題です。

以下の文を聞いて、強く聞こえるところ全部に印をつけてみましょう。強く聞こえる単語に下線を引き、単語の中でも強く聞こえる部分がわかれば、╱ のマークをつけてみましょう。2つアクセントのある単語の場合には、第2アクセントに ╲ のマークをつけましょう。

🔊 音声 17

① I'm sure you are the only one who can handle it.

② What is your opinion about the budget for the next fiscal year?

③ You helped us a lot, particularly with that difficult project.

④ Your presentation in the conference was so inspiring.

⑤ I want you to understand these three significant factors.

⑥ I frequently use this website to find out where to go.

⑦ The purpose of this presentation is to introduce our new product.

⑧ We can move forward based on this agreement.

⑨ You should answer the questions directly and honestly.

⑩ She decided to work in the company again after three years' absence.

▶ アクセントの練習問題（解答）

　以下がマークの書きこみ例です。音声を聞きながら、アクセントを意識して、一緒に発音してみましょう。

🔊 音声 17

① I'm súre you are the ónly óne who can hándle it.

日本語訳　あなたこそ、この問題に対処できる唯一の人だと思います。

　内容語であるsure、only、one、handleにアクセントがあります。特にonlyが強くなっています。

② Whát is your opínion about the búdget for the néxt físcal yéar?

日本語訳　来期の予算についてのあなたの意見は？

　内容語であるWhat、opinion、budget、next、fiscal、yearにアクセントがあります。特にWhat、opinionが強くなっています。

③ You helped us a lot, particularly with that difficult project.

日本語訳 あなたは、特に難しいあのプロジェクトにおいて、私たちをたくさん助けてくれました。

　内容語であるhelped、lot、particularly、that、difficult、projectにアクセントがあります。特にparticularlyが強くなっています。

④ Your presentation in the conference was so inspiring.

日本語訳 会議でのあなたのプレゼンはとても素晴らしかった。

　内容語であるpresentation、conference、so、inspiringにアクセントがあります。特にpresentation、soが強くなっています。

⑤ I want you to understand these three significant factors.

日本語訳 これら3つの重要な要因を理解してほしいのです。

内容語である want、understand、these、three、significant、factors にアクセントがあります。特に want、three が強くなっています。

⑥ I frequently use this website to find out where to go.

日本語訳 どこに行くべきかを見つけるために私はよくこのウェブサイトを使います。

内容語である frequently、use、this、website、find、out、where、go にアクセントがあります。特に frequently が強くなっています。this もやや強めです。

⑦ The purpose of this presentation is to introduce our new product.

日本語訳　このプレゼンは私たちの会社の新製品を紹介するためのものです。

内容語であるpurpose、this、presentation、introduce、new、productにアクセントがあります。特にpurpose、introduceが強くなっています。

⑧ We can move forward based on this agreement.

日本語訳　私たちはこの合意にもとづいて先に進むことができますね。

内容語であるmove、forward、based、this、agreementにアクセントがあります。特にforwardが強くなっています。

⑨　You should <u>answer</u> the <u>questions</u> <u>directly</u> and <u>honestly</u>.

日本語訳　あなたは直接的に、正直に、質問に答えなければいけません。

　内容語である answer、questions、directly、honesty にアクセントがあります。特に directly、honestly が強くなっています。

⑩　She <u>decided</u> to <u>work</u> in the <u>company</u> <u>again</u> after <u>three</u> <u>years'</u> <u>absence</u>.

日本語訳　彼女は3年ぶりに、またその会社で働くことにした。

　内容語である decided、work、company、again、three、years'、absence にアクセントがあります。特に decided、three、years'、absence が強くなっています。

伝わる英語発音の要素③イントネーション

　イントネーションとは、音が上がったり下がったりすることです。「音が上がったり下がったりする」とはどういうことか、最初に確認しておきましょう。

　ピアノや歌で使う楽譜では、音を示すのに、ドレミファソラシドという音階を使いますよね。では「ドレミファソラシド」と音階に合わせて歌ってみてください。このとき、音は上がっています。反対に、上のドから「ドシラソファミレド」と歌ってみましょう。このとき、音は下がっています。

　日本語のイントネーションを考えるとわかりやすいかもしれません。同じ「はし」という言葉でも、「箸」の場合には「はし（↘）」と音が下がりますが、「橋」の場合には「はし（↗）」と音が上がります。「雨」なら「あめ（↘）」ですが、「飴」なら「あめ（↗）」です。

　このように日本語でも多少イントネーションを変えることはありますが、日本語を話すときよりも、英語を話すときのほうが、イントネーションの高低の差が激しく、変化をつけることも多くなります。伝わりやすい英語を話すためのポイントとして、その特徴をぜひ身につけましょう。

イントネーションは、たいていアクセントに連動して上がります。基本的には、アクセントが強くなるところでイントネーションが上がり、アクセントが弱ければイントネーションは下がります。

　しかしここでは、アクセントとイントネーションを分けて考え、アクセントに連動した上がり下がり以外の「意図的にイントネーションを上げたり下げたりするケース」を紹介します。

　ちなみに、音の上がり下がりがつかみにくいと感じる場合は、手を上下させて音の高低を表現してみるのもおすすめです。

▶ イントネーションの例

　それでは、意図的にイントネーションをつけるパターンを聞いてみましょう。

◎ Yes-No で答える疑問文

🔊 音声 18

Do you think it's enough?

日本語訳　これで十分だと思いますか？

　こうした、Yes-No で答えるような疑問文の場合には、最後の単語 enough の語尾を意図的に上げて、文末のイントネーションを変えるのが特徴です。

◎ **普通の文の形の疑問文**

🔊 音声 19

You were late for the meeting?

日本語訳　会議に遅れてしまったのですか？

　話し言葉では、普通の文の形で、疑問文にすることが多くあります。そのときにも、やはり最後の単語の音を意図的に上げて、疑問文であることがわかるようにします。
　自然に下げてしまうと、普通の文になってしまい、疑問文として聞いていることがわかりません。

◎ **疑問詞で始まる疑問文**

🔊 音声 20

Where would you like to go?

日本語訳　どこに行きたいですか？

　疑問文の場合でも、最初にWhat、Where、When、Which、Why、Howなどの疑問詞（5W1Hと呼ばれます）があるときには、文末が下がって終わることが多くなります。疑問文なので文末を上げたくなりますが、意識的に下げる練習をしてみましょう。

これらは一般的なイントネーションのルールですが、言葉通りではなく含みを持たせたいときや、もったいぶった言い方をするとき、気取った言い方をするときなどには、通常とは違うイントネーションで話すこともあります。もし気になったイントネーションがあれば、書きこんで印象づけるようにしましょう。

　ちなみに、普通の文（平叙文といいます）や命令文では、単語内のアクセントの影響によって、文末は下がって終わるのが一般的です。

◎ 普通の文（平叙文）

🔊 音声 21

I want to read this article.

日本語訳　私はこの記事を読みたい。

　このような普通の文では、文末はゆるやかに下がります。それは、article という単語の中で、最初の a の部分にアクセントがついているからです。
　単語の中でアクセントがついている部分は自然と音も高くなるため、そのあとは自然と下がって終わります。

◎ 命令文

🔊 音声 22

Hold on a second.

日本語訳　ちょっと待ってください。

　これも、やはり文末はゆるやかに下がって終わります。この場合は最後の単語 second の中で、アクセントが e の部分にありますね。すると e の部分の音が高くなり、そのあとは自然と音が下がって言い終わることになります。

▶ イントネーションの練習問題

では、次は練習問題です。

以下の文を聞いて、イントネーションを書きこんでみましょう。文末が上がる場合は ↗ 下がる場合は ↘ のマークを ☐ に書き入れてみてください。

🔊 音声 23

① Which hotel are you staying at? ☐

② Isn't it time to wrap up the meeting? ☐

③ Where would you like to see the movie? ☐

④ Do you have any ideas about how to improve our service? ☐

⑤ Why did you accept such a terrible deal? ▯

⑥ You're not interested in getting a promotion in the company? ▯

⑦ Are you familiar with this software? ▯

⑧ Shall we cancel the press conference, ▯ or postpone it? ▯

▶ イントネーションの練習問題（解答）

　以下がマークの書きこみ例です。音声を聞きながら、イントネーションを意識して、一緒に発音してみましょう。

🔊 音声 23

① Which hotel are you staying at? ↘
日本語訳　どのホテルに泊まっているのですか？

Which という疑問詞で始まる疑問文のため、文末は下がって終わります。

② Isn't it time to wrap up the meeting? ↗
日本語訳　会議のまとめに入る時間ですか？

Yes-No で答える疑問文のため、文末は上がって終わります。

③ **Where would you like to see the movie?**

日本語訳 どこで映画を観たいですか？

Where という疑問詞で始まる疑問文のため、文末は下がって終わります。

④ **Do you have any ideas about how to improve our service?**

日本語訳 私たちのサービスをどう改善するかアイディアがありますか？

Yes-No で答える疑問文のため、文末は上がって終わります。

⑤ **Why did you accept such a terrible deal?**

日本語訳 どうしてそんなひどい取引を受け入れたのですか？

Why という疑問詞で始まる疑問文のため、文末は下がって終わります。

⑥　You're not interested in getting a promotion

　　in the company?

日本語訳　あなたはその会社で昇進することに興味がないのですか？

普通の文の形の疑問文のため、文末は上がって終わります。

⑦　Are you familiar with this software?

日本語訳　このソフトウェアに慣れていますか？

Yes-Noで答える疑問文のため、文末は上がって終わります。

⑧　Shall we cancel the press conference,

　　or postpone it?

日本語訳　プレス会議をキャンセルしますか、それとも延期しますか？

このように複数の選択肢を示して聞く疑問文の場合、一旦語尾を上げて聞きますが、最後は下がって終わります。

伝わる英語発音の要素④リズム&スピード

　カラオケなどで歌をうたったり聞いたりするときに、よく手拍子をすることがありますよね。これを「リズムをとる」とも言いますが、英語もリズムをとって話すことができると、より英語らしく聞こえるようになります。ここでは、英語のリズムについて話していきます。

　英語のリズムはどのように作られているのでしょうか。まずは次の英文を聞いてみましょう。

🔊 音声 24

Everybody thought her suggestion was out of the question.

　実は、この英文でリズムを作り出しているのは、**強く発音される単語の強音節の部分**です。

　強く発音される単語とは、文の中で意味を持つ重要な単語（内容語）のことです。72ページからの「アクセント」の項目で説明しましたね。この英文では、**Everybody、thought、suggestion、out、question** が強く発音されています。

次に、単語の**強音節**について復習しましょう。強音節とは、単語の中でアクセントがつく音節のことでしたね。

英語はどの単語もアクセントのつく位置が決まっています。**Everybody** なら **Ev**erybody、**suggestion** なら sug**ges**tion、**question** なら **ques**tion のように色がついている部分がアクセントのつく位置を含む音節、つまり「強音節」です。

音節については、第 2 章「日本語と英語の発音の違いを知ろう」の 45 ページから説明しているので、忘れてしまった人は読み返してみましょう。

では、先ほどの英文をもう一度聞いてみましょう。ここでは、英文の中で強く発音される単語の強音節の下に下線を引き、リズムをとるところに●マークを書いてみました。

🔊 音声 24

<u>Ev</u>erybody <u>thought</u> her sug<u>ges</u>tion was
 ●   ●   ●

<u>out</u> of the <u>ques</u>tion.
 ●   ●

この●の位置がリズムを作り出しているところです。

では、次にこの●マークの部分で手拍子をして、リズムをとりながら声に出して読んでみましょう。●マークの部分で手拍子を入れようとすると、英文を自然とこのようなかたまりでとらえていることに気づくのではないでしょうか。

<u>Every</u>body | <u>though</u>t her sug|<u>ges</u>tion was |
　　●　　　　　　　●　　　　　　　●

<u>ou</u>t of the | <u>ques</u>tion.
　●　　　　　●

　このように、英語のリズムをとるときには、●マークの部分が等間隔になることが多いのです。●マークの部分は等間隔に発音されますが、| |の間に入っている単語の数はまちまちです。
　つまり、out of the など３つも単語が入っているところでは、それだけ速く発音しないとリズムが乱れてしまうのです。
　そのため、音声では out of the はくっつけて、「アウロヴダ」のように発音されています。このように単語をくっつけて発音することをリンキングといいましたね。
　また、thought のあとの her や suggestion のあとの was は短く速く発音されています。こうしてリズムに乗って話すことで、スピードも変化するというわけです。

　リズムの●が打ってあるところで机を叩いたり、手を叩いたりして、その叩く間隔が等しくなるように、強いところはゆっくり、弱いところはスピーディーに読んで、真似してみましょう。

▶ リズム&スピードの例

　リズム&スピードの例を 2 つ見てみましょう。リズムを作っているところ（強音節）の下に下線と●マークをつけ、一気に読むかたまりごとに｜　｜マークを入れています。また、速く発音する部分は下に ⟶ を書いています。

🔊 音声 25

① | A<u>ll</u> of you are | e<u>li</u>gible to | <u>vo</u>te in the |

　e|<u>lec</u>tion.

日本語訳　あなたたち全員にその選挙で投票する資格があります。

　リズムの●が等間隔になるように、All of you are、eligible to、vote in the をくっつけて、それぞれ速く発音します。

　All of をくっつけて「オーロヴ」のように発音します。you are は伸ばしすぎず、短めに発音しましょう。eligible to の to も短く発音します。vote in はくっつけて「ヴォーティン」のように発音します。

② <u>Let's dis|cuss this | complicated | issue to |</u>
　　　●　　　　●　　　　●　　　　　　●

<u>reach an a|greement.</u>
　●　　　　●

> **日本語訳**　合意に達するように、この複雑な問題について話し合いましょう。

　リズムの●が等間隔になるように、discussのあとのthisを短く、issueのあとのtoを短く、reach an agreementをリンキングさせて「リーチャナグリーメンッ」のように発音します。

　どうでしょう？　なんだか英語らしいリズムが生まれたのではないでしょうか。
　英語を聞き慣れていない人が、こうしたリズムやスピードの変化が激しい英語の音声を聞くと、圧倒されてしまうことが多いようです。でも、この英語のリズムに慣れると聞き方もわかってきます。
　また、聞くだけでなく、それを真似してリズミカルに話したり、スピードを変化させて話すことができるようになると、まるでカラオケでうまく歌えたときのように、楽しくなっていくはずです。

▶ リズム＆スピードの練習問題

では、次は練習問題です。

以下の文を聞いて、リズムを作っているところ（強音節）の下に下線や●マークをつけて、一気に読むかたまりごとに│ │マークも入れてみましょう。速く発音する部分は下に ➡ も書いてみましょう。

🔊 音声 26

① Let's make the most of this opportunity.

② I couldn't concentrate on my work because I had a headache.

③ It looks like you've made a good relationship with the client.

④ I have to make sure everything is properly set in the room.

⑤ I'm looking forward to seeing you in the next book club.

⑥ It's never too late to start your own business after retirement.

⑦ How did you come up with such an amazing idea?

⑧ There is definitely a strong need for this type of product among senior citizens.

⑨ Changing your habit is very difficult, but it's worth trying.

⑩ When it comes to negotiations, the first thing you need to know is your counterpart's strategy.

▶ リズム＆スピードの練習問題（解答）

以下が正解です。音声を聞きながら、リズム＆スピードを意識して、一緒に発音してみましょう。

🔊 音声 26

① Let's make the | most of this oppor | tunity.

日本語訳 この機会を最大限に活かしましょう。

Let's、most、opportunity の3語でリズムをとっています。most は特にゆっくり発音しましょう。make the は短く発音されるため、make の k はほとんど聞こえません。of this も短く発音されます。

② I couldn't | concentrate on my | work because I had a | headache.

日本語訳 今日は頭が痛かったので仕事に集中できなかった。

concentrate、work、headache の3語でリズムをとっています。I couldn't、on my、because I had a は短く発音されます。had a はつながって「ハダ」のように発音されていますね。

③

日本語訳 その顧客と良い関係を築くことができたようですね。

looks、made、relationship、client の 4 語でリズムをとっています。最初の It はとても短く発音されています。like you've はつながって「ライキューヴ」のように発音されます。with the も短いため「ウィズ・ザ」ではなく「ウィザ」のように発音されています。

④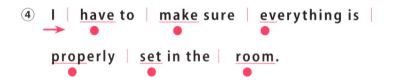

日本語訳 その部屋のすべてが正しくセットされているか確かめなければならない。

have、make、everything、properly、set、room の 6 語でリズムをとっています。最初の I はとても短く発音されています。everything is がつながって「エヴリスィンギズ」のように発音されています。in the が短く発音されているため、the が「ザ」よりも「ナ」のような音に聞こえるのが特徴的です。

⑤ I'm | looking | forward to | seeing you in the | next | book | club.

日本語訳 次回の読書会で会えるのを楽しみにしています。

looking、forward、seeing、next、book、club の 6 語でリズムをとっています。最初の I'm はとても短く発音されています。forward to の to も短く発音されます。seeing you がつながって「スィーインギュ」のように発音されているのも特徴的です。

⑥ It's | never too | late to | start your own | business after re|tirement.

日本語訳 退職後に自分のビジネスを始めても、決して遅いということはありません。

never、late、start、business、retirement の 5 語でリズムをとっています。最初の It's がとても短く発音されています。start your がつながって「スターチュア」のように発音されています。business after もなめらかにつながって「ビズィネサフタ」のように発音されます。

⑦ How did you | come up with | such an a|mazing i|dea?

日本語訳 どうやってそんな素晴らしいアイディアを思いついたのですか？

　How、come、such、amazing、idea の5語でリズムをとっています。did you がつながって「ディッヂュー」、come up がつながって「カマップ」、such an amazing idea がつながって「サッチャナメイズィンガイディア」のように発音されています。

⑧ There is | definitely a | strong | need for this | type of | product among | senior | citizens.

日本語訳 高齢者の間ではこういう製品への強いニーズがきっとあります。

　definitely、strong、need、type、product、senior、citizens の7語でリズムをとっています。最初の There is は短く発音されています。type of がつながって「タイポヴ」、product among がつながって「プロダクタマン」のように発音されています。

⑨ Changing your | habit is | very | difficult, but it's | worth | trying.

日本語訳 習慣を変えることは非常に難しいことですが、試す価値はあります。

Changing、habit、very、difficult、worth、trying の6語でリズムをとっています。Changing your がつながって「チェインジンギュア」、habit is がつながって「ハビッリズ」、but it's がつながって「バリッツ」のように発音されています。

⑩ When it | comes to negoti|ations, the | first thing you need to | know is your | counterpart's | strategy.

日本語訳 交渉に関して言えば、真っ先に知るべきことは、相手の戦略です。

comes、negotiations、first、know、counterpart's、strategy の6語でリズムをとっています。最初の When it は短く発音され「ウェニ」のようになります。また thing you が「ティンギュー」、need to が「ニートゥ」、is your が「イジュア」のように発音されています。

リズム＆スピードの練習問題にチャレンジしていただきましたが、いかがでしたか？

　最初のうち、リズムを正確につかむことは難しいかもしれません。また、アクセントやイントネーションのほうが印象に残りやすく、つかみやすいという人もいます。
　リズムだけを単独でつかむことが難しい場合には、それほどこだわらず、アクセントやイントネーションを優先的につかむようにしましょう。

伝わる英語発音の要素⑤ 発音記号

　英語の辞書を引くと必ず単語の見出しの横や下に [ǽpl] のような発音記号が書かれていますが、この発音記号は一体何のためにあるのでしょうか。発音記号は、単語ごとの読み方を表記したもので、細かい発音を改善するのにとても役立ちます。

　英語の場合には、日本語のひらがなと違い、同じアルファベットを使っていても違う読み方をすることがあります。たとえば、以下の2つの単語を口に出して発音してみましょう。

🔊 **音声 27**

① milk
② mild

　①も②も2文字目は同じ「i」ですが、読み方は①が「ミルク」、②は「マイルド」です。つまり、アルファベットのスペルを見ただけでは、読み方はわからないのです。
　こんなとき、発音記号を見ると、単語ごとの読み方がわかります。辞書で発音記号を見てみると、以下のようになっています。

① milk [mílk]
② mild [máɪld]

英語の発音を身につけたい人にとって、**発音記号を読めて、発音記号ごとの発音の仕方を知っていることは、大きな武器になります。** うまく発音ができなかったときに、その単語の発音記号を調べて「この発音記号だから、こう発音すればいいんだな」と自分で修正できるからです。

中学や高校の先生の中には、発音記号を重視している先生もいれば、そうでない先生もいます。文部科学省が定めている学習指導要領の中では「音声指導の補助として、必要に応じて発音表記を用いて指導することもできる」とされているだけで、発音記号を教えることは必須ではありません。
　そのため、学校や先生の方針次第で、発音記号をしっかり習った人もいれば、発音記号についてほとんど知らないという人もいます。

今まで発音記号をしっかり学んだことがないという人も安心してください。また、学生時代に発音記号を習っていても、しばらく使わなければ忘れてしまっているかもしれません。そういう人は、ぜひここで復習をしましょう。

本格的な英語音声学の書籍を手に取ると、さまざまな発音記号があり、発音の仕方も専門的に書かれていて、とてもマスターできないように感じてしまいます。
　でも、本書では「伝わる英語」が発音できるようになるために最低限知っておきたい発音記号と、その簡単な発音の仕方だけをお伝えしますので、安心してください。

ここで1つ注意点があります。発音記号は便利なものではありますが、発音記号を意識して細かい発音練習だけを続けても、伝わる英語にはなりません。ですから、長い時間をかけて発音記号ごとの発音練習だけをしないように気をつけてください。

　まずは前提知識として読んでいただき、第4章や第5章で発音トレーニングを進める中で、発音に違和感があったら、該当する発音記号の説明を読み直すようにしてください。

　発音記号ごとの発音の仕方は、本書のAppendix（250ページから）に掲載していますので、気になったものが出てきたら確認しましょう。

　次ページに、発音記号の一覧表（母音・子音）を掲載します。発音記号ごとの発音方法については、この一覧表にも簡単な説明をつけていますので参考にしてください。

　本書の巻末にも切り取って持ち歩ける付録として、同じ発音記号一覧表がついています。ぜひ常に持ち歩いて、活用してくださいね。

　この発音記号一覧表では、母音18音と子音24音を紹介しています。実は音声学上はもっと多くの母音がありますが、本書ではできるだけ効率的に伝わる英語発音を身につけるため、優先的に身につけたい18音のみを紹介します。

　また、発音記号は辞書によって少しずつ違いますが、ここでは比較的多くの辞書で使われている発音記号を載せています。

発音記号一覧表　母音 18 音 [Vowels]

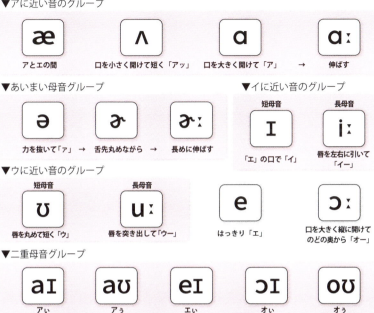

発音記号一覧表　子音 24 音 [Consonants]

▶ **発音記号一覧表の解説**

◎ **母音**

- 「アに近い音のグループ」として4つの母音がありますね。日本人にとっては、発音するときも聞くときも、区別するのが難しい音です。まずは自分が発音するときに、**口をどのくらい開けるのかを意識して**練習してみましょう。

- 「あいまい母音グループ」には3つの母音がありますが、「あいまい母音」とは**口を小さめに開けて、力を抜いて「ァ」と言うときの音**です。この音はアクセントが入っていない部分の母音によく使われます。まずは「あいまい母音」の [ə] をマスターしてから、あとの2つも練習してみましょう。

- 「二重母音」とは、母音が2つ一緒になっているものです。2つの音で1つの母音と考えます。二重母音の場合には、**最初の母音をしっかり発音**し、それになめらかに**つなげるようにして次の母音を発音**します。

◎子音

- 「無声音・有声音」のペアが 8 組ありますね。このペアは同じ口の形、舌の位置で発音します。**音を出さずに息だけで発音するのが無声音、それに音（声）もつけるのが有声音です。**まずは無声音（息だけ）を出してみて、それと同じ口の形、舌の位置で、声も出してみるというように、一緒に練習してください。

- 「鼻から息を出すグループ」には 3 つの子音があります。これらは口から息を吐くのではなく、**鼻から空気を抜くように発音するのが特徴**です。それぞれ発音の仕方は違いますが、どれも鼻から空気が抜けているかどうかを確認しながら練習しましょう。

▶ まぎらわしい発音の例

発音が似ている単語、日本語では区別しないような英語特有の音、スペルが同じなのに発音の仕方が異なっているものなどを確認してみましょう。下線を引いた単語が要注意の単語です。

🔊 音声 28

① **You don't have to worry about what you've already done.**

日本語訳　もうしてしまったことについて、悩む必要はありません。

発音記号を確認すると、don't は [doʊnt] ですので「ドント」ではなく「ドゥント」のように発音します。done は [dˈʌn] ですので「ダン」と発音します。

② **Take your hat off in the hut because it's too hot.**

日本語訳　暑すぎるので、山小屋の中では帽子は脱いでね。

発音記号を確認すると hat は [hæt]、hut は [hˈʌt]、hot は [hάt] とみんな母音が違います。[æ] は「ア」と「エ」の間の音、[ʌ] は口を小さく開けて短く「ア」、[ά] は口を大きく開けて「ア」と、区別してみましょう。

③ **He closed his restaurant and now works at a company close to Tokyo station.**

日本語訳　彼は自分のレストランを閉めて、今は東京駅の近くの会社で働いています。

　発音記号を確認すると、「閉める」という意味の動詞の close の発音は [klóʊz] ですが、「近い」という意味の形容詞の close の発音は [klóʊs] となります。このように、同じスペルでも品詞や意味によって発音が変わる場合がありますので、注意しましょう。

④ **A good relationship between employer and employee is essential.**

日本語訳　雇用主と社員との良い関係は欠かせないものです。

　発音記号を確認すると、employer は [ɪmplˈɔɪɚ] ですが、employee は [ɪmplˌɔɪíː] です。似た発音ですが、アクセントの位置が違いますね。アクセントの位置を間違えると、どちらのことを言っているのかわかりにくくなりますので、細かい発音とアクセントを一緒に練習しましょう。

⑤ **When I <u>worked</u> in the company, I used to <u>walk</u> to the office.**

日本語訳　私がその会社で働いていたときには、オフィスまで歩いたものでした。

発音記号を確認すると、work は [wə́:k]、walk は [w'ɔ:k] です。あえてカタカナで表すと、work が「ワーク」、walk が「ウォーク」という音になります。この 2 つを反対に発音している人が多くいますので、スペルにつられずに正しい発音を練習しましょう。

⑥ <u>**Allow**</u> **me to use your <u>arrow</u>.**

日本語訳　あなたの矢を使わせてください。

どちらも「アロー」で、L と R の発音の違いを練習する問題だと思っていませんか？ そうではないのです。発音記号を確認すると、allow は [əláʊ] です。「アロー」ではなく「アラウ」のような発音で、うしろのほうにアクセントがついています。発音を間違えやすい単語の 1 つですので、意識して練習しましょう。

arrow のほうは [ǽroʊ] ですが、r の発音に自信がない人は、Appendix の説明（268 ページ）を読んで練習しましょう。

⑦ You shouldn't hurt someone's heart.

日本語訳 誰かの心を傷つけてはいけない。

発音記号を確認すると、hurt は [hˈɚːt]、heart は [hɑ́ɚt] です。非常によく似た発音ですが、heart のほうが ɑ́ という母音が入っている分、口を大きめに開けるイメージです。意識して練習しましょう。

⑧ I set the meeting because I'd like to discuss the codes' change.

日本語訳 規則の変更について話し合いたいので、会議を設定しました。

発音記号を確認すると、because は [bɪkˈɔːz]、codes は [kóʊdz] です。ここでは [ɔː] と [óʊ] の違いを練習しましょう。[ɔː] は口を大きく縦に開けて、のどの奥から「オー」と発音します。[óʊ] は「オゥ」という発音で、最後は「ゥ」と唇をすぼめて言い終わります。

⑨ To <u>sum</u> up, our proposal got the <u>thumb</u>s-up from everyone.

日本語訳 要するに、私たちの提案は全員の賛成を得たということだ。

　sum と thumb は似た発音ですが、発音記号を確認すると、sum は [sʹʌm]、thumb は [θʹʌm] ですので、[s] と [θ] の発音の違いを意識して練習しましょう。sum は日本語で「サム」と言えば非常に近くなりますが、thumb の [θ] の音は、舌を上下の歯で挟むようにして発音します。「サム」よりも「タム」に近い音になります。

⑩ If you <u>marry</u> me, your life will be <u>merry</u>.

日本語訳 私と結婚したら、君の人生は楽しくなるよ。

　発音記号を確認すると、marry は [mǽri]、merry は [méri] です。[æ] の発音は「ア」と「エ」の間くらいですが、[é] は日本語の「エ」とほぼ同じ発音です。とても似た音ですが、区別して発音できるように練習しましょう。

　以上、伝わる発音に変えていくために必要な5つの要素をご紹介しました。実際のコミュニケーションにおいて使える、伝わりやすい英語にするために、音の変化（リンキング）、アクセント、イントネーション、リズム＆スピード、発音記号の5要素をしっかり意識しながら、発音練習をしていきましょう。

最後に、5要素の特徴を書きこむ際の書きこみ方をまとめておきます。第4章以降で発音トレーニングをする際に使いますので、参考にしてください。

 マークの書きこみ例

 書きこみ用マーク

① 音の変化（リンキング）　⌣　( )
② アクセント　　´　`
③ イントネーション　　↗　↘
④ リズム＆スピード　●　|　→
⑤ 発音記号（気になった単語のみ）　[　　]

Column 2
音読から始めてはいけない

　最近、英語学習における音読の効果が注目されています。**英語を音として認識するために**、英語学習に「声を出すトレーニング」を取り入れることには私も大賛成です。

　音読は英語を生きた音として意識することができるトレーニングです。テキストさえあれば簡単にできますし、英語表現のインプットをする機会にもなります。

　また、意味を意識しながら音読すれば、英語の語順で情報を処理していく練習にもなります。

　ただし**「伝わる英語の発音を身につける」という点を優先したいときには、音読から始めない**でください。

　音読は自分なりの発音で読み上げるものです。すでに正しい発音が身についている人はいいのですが、そうでない人は、自分なりの発音で読み上げることをくり返すと、その間違った発音がどんどん定着していくことになります。

　第1章で紹介した発音力向上のサイクルを思い出していただきたいのですが、スタートは「音を聞く」ことです。ネイティブはどう発音しているのかを聞き、その特徴をつかんで真似をするところから始めてください。

第4章

タニケイ式発音トレーニングを始めよう

📖 タニケイ式発音トレーニングを始めよう

1日10分のタニケイ式発音トレーニング

　どんなに効果的なトレーニングでも、毎日何時間も続けなければいけないようなトレーニングだと、忙しい中で続けることは難しいですよね。タニケイ式の英語トレーニングは、忙しい社会人の方でも続けられるように、できるだけ短い時間で効果を出せるものにしています。

　本書でおすすめするタニケイ式発音トレーニングも、**1日あたりのトレーニング時間の目安は10分**です。最初慣れないうちは、もう少しかかるかもしれませんが、それでもトレーニング時間は20分くらいまでにします。
　このくらいの時間なら、今の生活パターンを大きく変えなくても、少しの工夫で生み出せるのではないでしょうか。朝少し早く起きたり、夜寝る前にトレーニングをしたり、ちょっとだけ早めに出勤して会社の会議室などでトレーニングをするのもいいですね。

　このように、1日あたりの時間は短くてかまわないのですが、その代わりに、ぜひ守っていただきたいことがあります。それは「毎日続ける」ということです。

英語学習においては、できるだけ毎日何らかの形で英語に触れ続けて、インプットとアウトプットのサイクルを意識しながら回すことが望ましいのですが、発音に関しては、特に「伝わりやすい発音を定着させる」ために毎日続けることが重要です。

1日だけしっかり発音トレーニングをして、発音が改善したとしても、そのあと1週間やらなければ、発音は元に戻ってしまいます。
　また、発音の改善ポイントというのはたくさんありますので、色々なフレーズで発音トレーニングをして、その改善ポイントをどんどん見つけていく必要があるのです。そして見つけたポイントを意識して改善していけば、どんな文を話しても、ナチュラルに話せるようになっていきます。

1日たったの10分から20分、集中してトレーニングをすることで、今後の英語のコミュニケーションに大いに役立つ発音力を身につけることができます。
　最初のうちは、少しがんばって意識的に時間を作ってください。そのうち、このトレーニングが習慣になってくると、これをやらなければ一日を終えられない、という状態になるはずです。実施したらカレンダーに印をつけたり、Excelなどで実施記録をつけたりしながら、続ける工夫もしてみてくださいね。

文単位で練習する

　第1章でもご説明したように、このタニケイ式発音トレーニングは、文単位でおこないます。何度もくり返しますが、発音記号単位や単語単位で正しく発音ができたとしても、伝わる英語になるとは限りません。

　伝わる英語にするポイントはむしろ、それ以外の要素にあります。第3章で説明した5要素の中の、音の変化（リンキング）、アクセント、イントネーション、リズム＆スピードといった要素のほうが、伝わる英語にするためには重要なのです。
　たとえ発音記号通りの正しい発音で話せていたとしても、単語ごとにぶつ切りに話していたら、とても聞き取りづらい英語になってしまいます。

　つまり、発音記号単位や単語単位の発音練習というのは、続きにくいうえに、続けられたとしても伝わりやすい英語になるとは限らず、努力に見合わないものなのです。ですから、タニケイ式発音トレーニングでは、最初から文単位で発音練習をおこなうことを基本にしています。

　文単位で練習していく中で、違和感があった部分が細かい発音なのであれば、その部分の発音練習はおこないます。ただし「木を見て森を見ず」にならないように「森を見てから木を見る」という順番で練習をおこなうのです。

毎日違う文を選んで、その日の発音トレーニングをしていきます。このあと具体的なステップをご説明しますが、基本はネイティブの英語を聞いて、真似して練習します。そして、自分の発音を客観的にチェックして、修正が必要なら修正する、というように進めます。

つまりタニケイ式英語発音トレーニングのポイントは以下の3つです。

- **1日10分の続けやすいトレーニング**
- **文単位で練習する**
- **聞いて、真似して、チェックする、の3ステップ**

それでは、タニケイ式発音トレーニングをどのように進めていくのかを紹介します。その前に、トレーニングに必要なものを用意しましょう。

【用意するもの】

① トレーニング用の音声と英文

1文から2文、10秒以内の音声を選びましょう。どのように英文を選ぶかは137ページ以降で説明します。

② 筆記用具

音の特徴を書きこむために使います。書きこみ方は第3章で練習した通りです。

③ 音声を再生するもの
　（スマートフォン、PC、ミュージックプレイヤーなど）

ステップ1でネイティブの音声をくり返し聞いたり、ステップ2で自分の声を重ねて練習するために使います。

④ 音声を録音するもの
　（スマートフォン、PC、ICレコーダーなど）

ステップ3で、自分の声を録音してチェックするために使います。再生、録音に同じスマートフォンやPCを使ってもかまいません。

3ステップで効果を出すタニケイ式発音トレーニング

タニケイ式発音トレーニングには、3つのステップがあります。

次のページから、各ステップをどのように進めるのか、詳しく見ていきましょう。目的と実践方法を理解したら「実際にやってみよう！」のパートに移ってください。ぜひ音声を聞いて、トレーニングのステップを実施してみてくださいね。

ステップ1：リスニング

目的

このステップの目的は**音の特徴をつかむこと**です。ネイティブの音声をくり返し聞いて、発音の特徴をつかみます。発音の特徴とは、第3章で見てきた **①音の変化（リンキング）②アクセント ③イントネーション ④リズム＆スピード ⑤発音記号**の5要素のことを指します。

1回聞くごとに焦点を絞って、特徴を書きこみながら聞きましょう。自分で真似して口に出しながら特徴をつかむのもおすすめです。

実践方法

(1) トレーニングに使う英文を印刷するか手書きで書く。

(2) 音声を何度か聞きながら発音の特徴（5要素）をつかみ、マークを書きこむ。

 マークの書きこみ例

Wha(t) kind of tech|nique did you | use

to im|prove your pronunci|ation so | quickly?

[kwíkli]

書きこみ用マーク

① 音の変化（リンキング）　⌣　( )
② アクセント　／　＼
③ イントネーション　↷　↘
④ リズム＆スピード　●　｜　→
⑤ 発音記号（気になった単語のみ）　[　　]

　音声が速すぎる場合には、スピードを遅くして再生してみましょう。また、長い文の場合には、少しずつ区切って再生するのもおすすめです。

　一度聞いただけで特徴を一気にとらえようとせずに「今回はリンキングの中でもつながっている部分を見つけよう」「次は音が聞こえなくなっている部分を見つけよう」というように、何度か音声を聞きながら、少しずつ特徴をとらえてみてください。

　発音の５要素は、すべて完璧に書きこもうとする必要はありません。まずは特に印象に残ったところだけを書きこんで、次のステップ２に進んでください。

実際にやってみよう！

🔊 音声 29

音声を聞いて発音の特徴を書きこんでみましょう。

> What are your plans for the weekend?

日本語訳 今週末のあなたの予定は？

マークの書きこみ例

> What are your | pláns for the | wéekend?
>
> [plǽnz]

> **解説**

①音の変化（リンキング）
What are がつながって「ワラー」のように聞こえます。

②アクセント
内容語である What、plans、weekend の 3 語が強く聞こえます。

③イントネーション
疑問詞の What で始まっている疑問文のため、文末は下がっています。

④リズム＆スピード
What、**plans**、**week**end の 3 つの強音節にリズムがあり、その間の弱音節は弱く速く話されています。

⑤発音記号
注意したいのは plans [plǽnz] の発音です。母音は口を大きく開ける「ア」ではなく、「ア」と「エ」の中間の音ですね。意識して聞いてみましょう。

ステップ2：オーバーラッピング

> **目的**

　オーバーラッピングとは、**音声と重ねて発話すること**をいいます。このステップの目的は、ネイティブの音声を真似して発話できるようにすることです。

　最初はネイティブの音声を聞いて、それを真似して話してみましょう（リピーティング）。慣れてきたらネイティブの音声を流しながら、それに重ねるようにして、**①音の変化（リンキング）②アクセント③イントネーション ④リズム＆スピード ⑤細かい発音などを真似して**自分も発話しましょう。ステップ1で発音の特徴を書きこんだ英文を見ながら、発話するといいですね。

　くり返しオーバーラッピングをしていくうちに、だんだん自分の声が流れてくる音声と重なっていきます。違和感のある部分があれば、そこを丁寧に修正していきます。
　たとえば、リンキングが真似できていなかったり、リズムがとれていないと、音がずれてしまいます。何度かくり返して、音の特徴が真似できるようになったらステップ3に移りましょう。

第4章 タニケイ式発音トレーニングを始めよう

> **実践方法**

(1) マークを書きこんだ英文を見ながら、音声と重ねて発話する。

(2) 違和感のある部分を修正しながら①音の変化（リンキング）②アクセント③イントネーション④リズム＆スピード⑤細かい発音を真似できるように練習する。

> **実際にやってみよう！**

🔊 音声 29

What are your | plans for the | weekend?

[plǽnz]

　このステップで発音練習をする中で、遅れてしまうところや、発音に違和感のあるところが見つかったら、またステップ1に戻って特徴を書き足すのもいいですね。

ステップ3：発音チェック

目的

　このステップの目的は、**自分の発音をチェックして修正すること**です。自分の音読をスマートフォンやICレコーダーなどで録音して、ネイティブの音声と聞き比べます。客観的に発音をチェックして、違和感のある部分があれば修正していきます。

　客観的に聞くのは少し難しいかもしれませんが、5つの要素を一つひとつ丁寧に比べてみてください。音の変化（リンキング）は真似できていますか？ アクセントやイントネーション、リズム＆スピードも合わせることができていますか？ また、気になった単語の発音記号はあらためて調べてみましょう。

実践方法

(1) 音声は流さず、自分の音読だけを録音する。

(2) 録音した音声とネイティブの音声とを聞き比べ、違いを見つけて修正する。

(3) 修正できたら、再度自分の音読を録音して聞き比べる。

第4章 タニケイ式発音トレーニングを始めよう

実際にやってみよう！

🔊 音声 29

以上の3ステップがタニケイ式発音トレーニングです。

　この3ステップについては、必要に応じて、行きつ戻りつしてかまいません。たとえば、ステップ2のオーバーラッピングに進んでから、音の特徴がしっかりつかめていない部分があると思ったら、またステップ1に戻って、ネイティブ音声を聞きながら音の特徴をつかみ直してください。

　最初のうちは特にステップ1のリスニングでの書きこみに時間がかかるかもしれませんが、慣れてくると、1日10分程度のトレーニング時間で進められるようになります。

このようにステップが決まっていることで「今日は何をやろう」と迷うことなくトレーニングを始めることができます。また、この3ステップはどんな人でも効果が出やすいものにしています。

　まずはこの3ステップに沿ってトレーニングを進めて、だんだん自分の苦手なポイントがわかってきたら、自分流のトレーニングに変えていってください。たとえば「私は特にアクセントをつけることが苦手だ」と思ったら、ステップ1ではアクセントだけを書きこんで練習するというのもいいでしょう。

発音トレーニングの題材の選び方

　タニケイ式発音トレーニングに使う英文については、やみくもに選ぶのではなく、できるだけ自分が日常生活や仕事で使えるフレーズを選ぶと、さらに効果的な英語学習になります。つまり「こういうフレーズを話せるようになりたい」と思える文を使って発音トレーニングをするのです。

　また、内容が印象的だったり、音の響きが気に入った英語を真似して発音トレーニングをするのもおすすめです。そうした英語の音声や文を使ってトレーニングをすると、楽しんでトレーニングを続けることができます。

　どうやってそんな文を探せばいいのだろう、と思うかもしれませんが、使える題材はたくさんあります。特におすすめなのが、映画や海外ドラマです。できるだけナチュラルな会話、音声を使って発音練習をしたほうが、自然な発音を身につけられるからです。

　特に「この俳優さんのように英語を話したい」と思えるお手本を見つけられると、楽しく発音トレーニングを続けられますし、目標とする発音が明確になるので、発音力向上の効果も高くなります。できれば、色々な映画やドラマに出ているような人だと、発音トレーニングの題材にできるものが多くていいですね。

今日はどの文を使おうかと探している間も英語に触れているわけですから、探す時間も無駄にはなりません。

　ただ、時間があまり取れない人は、まず使う映画や海外ドラマを決めて、順番に1文ずつ発音トレーニングに使っていくという方法もおすすめです。また、時間のある週末などに、1週間分まとめて使う文を決めてしまい、平日はそれをトレーニングに使っていく、というのもいいですね。

発音トレーニングに使う映画・ドラマの探し方

　発音トレーニングに使う映画やドラマは、レンタルで借りてもいいですし、NetflixやHuluなどの動画配信サービスを使ってもかまいません。ただ、それらのラインナップを見るとわかるように、たくさんの映画や海外ドラマがあり、そこから自分に合った一本を探し出すには結構な時間と手間がかかります。

　そこで、ここでは発音トレーニングに向いた映画やドラマの探し方のコツと、私がおすすめする発音練習がしやすい映画・ドラマをピックアップしてご紹介していきます。

◆発音トレーニングに向いた映画やドラマの探し方 4つのコツ

① 自分が面白いと思う作品を選ぶ

　大前提としてはやはり、自分が面白いと思う作品を選びましょう。
　英語学習者向けの教材の音声を聞こうと思っても、途中で飽きてしまって続けられなかったり、内容に興味が持てずにやる気が失せてしまった経験はありませんか？　発音トレーニングも同じです。

　飽きずに毎日の発音トレーニングを続けるには、作品自体の中身に興味があるものを使うのが一番おすすめなのです。面白いと思う作品を鑑賞しながら、楽しく発音トレーニングをしましょう。

② 一度観たことのある作品を選ぶ

　できれば、一度通して観たことのある作品を選んだほうがいいでしょう。
　初めて観る作品のほうがワクワクするかもしれませんが、内容自体をじっくり楽しみたくなってしまい「このセリフで発音練習をしよう」と思えるセリフに出会うまでにどうしても時間がかかってしまいます。一度観たことのある作品のほうが、内容が頭に入っている分セリフを探す時間も短縮でき、貴重な時間を無駄なく使うことができます。初めて観る作品を使う場合には、まず通しで観て楽しんだあとに、トレーニングに使うようにしましょう。

③ 特定のジャンルから選ぶ

　会話の少ないアクションやホラーなどは、日常会話で使えそうな英語フレーズが少なかったり、そもそもセリフが短く数も少なかったりするので、発音トレーニングには向いていません。できるだけ会話の多いヒューマン・ドラマやコメディ、恋愛ものなどのジャンルから作品を選んでみましょう。

　特に、映画よりも海外ドラマのほうが、時間に余裕がある分、何気ない会話が多かったり、好きな登場人物が見つかったときに、たくさんのセリフの中からトレーニングに使うセリフを選ぶことができておすすめです。

④ 英語字幕があるものを選ぶ

　洋画や海外ドラマのDVDでは、日本語字幕はあるけれど英語字幕はないという作品もあります。発音トレーニングに使う場合には、何を言っているのか確認する必要がありますので、英語字幕のある作品を選びましょう。

　動画配信サービスの中では、英語字幕を提供しているのは2018年8月現在NetflixとHuluのみですので、この2つのサービスを使ってみてください。また、英語字幕がないものを使いたい場合には、有名な映画やドラマだと、「(タイトル) transcript」でウェブ検索すると、そのトランスクリプト(台本)が見つかることが多くあります。その方法でトランスクリプトを探してみましょう。

第4章 タニケイ式発音トレーニングを始めよう

　以下、発音トレーニングに使いやすい、比較的有名な映画や海外ドラマをご紹介しますので、特に使いたいものが見つからない人は、こちらから選んでみてくださいね。

　発音トレーニングに向いているだけでなく、内容も良いものばかりですので、観たことがない人もぜひストーリーを楽しんでから発音トレーニングに使ってみてください。

◆発音トレーニングにおすすめの映画

「ショーシャンクの空に」　The Shawshank Redemption
（1994年・2時間23分）

ジャンル　　ヒューマン・ドラマ

ストーリー

銀行家のアンディは、妻とその愛人を射殺した罪でショーシャンク刑務所に収容される。そこで過酷な状況を強いられるが、決して希望を捨てずに生き抜いてゆくアンディ。その姿に周りの仲間たちや環境も変化していく。人生の残酷さを描きながらも、ラストはすがすがしい感動を味わえる作品。

アンディのセリフを発音トレーニングに使うのがおすすめ。

「ユー・ガット・メール」 You've Got Mail

（1998年・1時間59分）

`ジャンル`　ラブストーリー、コメディ

`ストーリー`

ニューヨークの一角で小さな絵本専門店を経営するキャスリーン（メグ・ライアン）は、インターネット上で知り合った「NY152」というハンドルネームの人物とのチャットを楽しんでいた。そんな時、キャスリーンの店のすぐ側に大型書店「フォックス・ブックス」が開店し、フォックス・ブックスの御曹司ジョー（トム・ハンクス）とは商売敵として対立するが、実はこのジョーが「NY152」だった。

　どの人物のセリフも発音トレーニングにおすすめ。

「グッド・ウィル・ハンティング」 Good Will Hunting

（1998年・2時間7分）

`ジャンル`　ヒューマン・ドラマ

`ストーリー`

ウィル（マット・デイモン）は天才的な頭脳を持っているが、深い心の傷を負っており、鑑別所の出入りをくり返している。しかし、妻を亡くし、同じく心に傷を負った心理学者のショーン（ロビン・ウィリアムス）に出会ったことで、その人生が変わっていく。

　どの人物のセリフも発音トレーニングにおすすめ。

「マイ・インターン」　The Intern

（2015年・2時間1分）

`ジャンル`　　ヒューマン・ドラマ、コメディ

`ストーリー`

自分で立ち上げたファッションサイトを運営する会社のCEOであるジュールズ（アン・ハサウェイ）と、その会社に「シニアインターン」として採用された70歳のベン（ロバート・デ・ニーロ）。年齢も立場も大きく異なる2人は次第に心を通わせていく。

 どの人物のセリフも発音トレーニングにおすすめ。

「ラブ・アクチュアリー」　Love Actually

（2003年・2時間15分）

`ジャンル`　　ラブストーリー、コメディ

`ストーリー`

19人のキャストがくり広げる、クリスマスを題材にしたアンサンブル・ラブストーリー。秘書に恋する英国首相をヒュー・グラントが演じる。同時に複数のストーリーが進み、最後に物語がつながっていく。色々な愛のかたちが描かれる心温まるストーリー。

 どの人物のセリフも発音トレーニングにおすすめ。
　特にイギリス英語を使ってトレーニングをしたい人向け。

◆発音トレーニングにおすすめの海外ドラマ

「フレンズ」　Friends

（1994年～2004年、全10シーズン・236話）

ジャンル　　コメディ

ストーリー

世間知らずのお嬢様レイチェル、勝ち気で恋愛下手のモニカ、マッサージ師で変わった言動の多いフィービー、モニカの兄でちょっと気の弱いロス、俳優で女の子が大好きなジョーイ、いつもうけない冗談ばかり言っているチャンドラーといった、個性豊かな登場人物たちが軽快な会話を繰り広げるシチュエーション・コメディ。

 どの人物のセリフも発音トレーニングにおすすめ。

「デスパレートな妻たち」　Desperate Housewives

（2004年～2012年、全8シーズン・180話）

ジャンル　　コメディ、ミステリー

ストーリー

郊外のウィステリア通りに住む4人の女性たちを中心とした波瀾万丈なストーリー。コメディタッチだが、サスペンス、ミステリーの要素も強い。一見幸せそうに見える家族にもさまざまな問題があり、それぞれの家族が一つひとつの問題をもがきながら解決していこうとするストーリーがとてもリアル。

 どの人物のセリフも発音トレーニングにおすすめ。

「ホワイトカラー」 White Collar

（2009年〜2014年、全6シーズン・81話）

ジャンル　サスペンス、犯罪

ストーリー

天才詐欺師ニールは恋人に会うため脱獄するが、FBI捜査官ピーターに捕まる。ニールはピーターと取引をし、自由と引き換えに捜査に協力する約束をする。ニールとピーターは共に、ニューヨークを舞台にさまざまな知的犯罪を解決していく。ストーリーも面白く、ニールとピーターの会話も楽しめる。

 どの人物のセリフも発音トレーニングにおすすめ。

「グリー」 glee

（2009年〜2015年、全6シーズン・121話）

ジャンル　コメディ

ストーリー

オハイオ州の高校のGlee Club（合唱部）を中心としたミュージック・コメディ・ドラマ。Glee Clubのメンバーである個性豊かな生徒たちはもちろん、顧問の先生であるウィルも魅力的。毎回、往年の名曲や、最新のヒットソング、ミュージカルソングなどをGlee Clubのメンバーが歌うシーンも楽しめる。時々大物ゲストも登場するので、見つけて楽しみながら観てみよう。

 どの人物のセリフも発音トレーニングにおすすめ。

「ダウントン・アビー」 Downton Abbey

(2010年〜2015年、全6シーズン・52話)

ジャンル　歴史、ヒューマン・ドラマ

ストーリー

1912年から1925年のイギリスの貴族の邸宅、ダウントン・アビーを舞台にしたイギリス版の歴史時代劇。伯爵であるロバートやその家族、使用人たち一人ひとりのキャラクターや人間関係が楽しめる。実際にあった事件や社会情勢を背景にして物語が進んでいくため、歴史ものとしても面白い。

 どの人物のセリフも発音トレーニングにおすすめ。
　特にイギリス英語を使ってトレーニングをしたい人向け。

以上、発音トレーニングにおすすめの映画と海外ドラマを5つずつご紹介しました。

　映画や海外ドラマのほかに、好きな有名人のスピーチ、プレゼンテーション、インタビュー動画などを使ってもいいですね。第6章でご紹介するEnglishCentralの動画も、ニュースや映画の予告編、海外のCMなど、生きた英語がたくさんあっておすすめです。

　英語の音声つき教材もたくさんありますが、できれば学習者向けの作られた教材ではなく、自然な英語を使ってトレーニングをすることをおすすめします。
　学習者向けの教材というのは、どこか不自然な話し方をしているものが多いのです。実際のコミュニケーションにおいて、違和感のない発音をするために、お手本としても、できるだけ自然なものを使うようにしましょう。

◆発音トレーニングの題材を探すのにおすすめ

● DVDを借りる／買う

「この1週間はこの映画を使おうかな」というように、週替わりで違う映画を使うのもいいですね。またドラマのDVDを1枚ずつ借りていってもかまいません。「せっかく借りたのだからトレーニングをしよう」というモチベーションにもなるでしょう。

ただ、もし1本丸ごと発音トレーニングに使いたい映画やドラマがあれば、長く使えるように購入するか、月額定額制の動画配信サービスを使うほうがおすすめです。

● Hulu

https://www.happyon.jp/
月額定額制の動画配信サービス。英語字幕が出る映画や海外ドラマもあります。

● Netflix

https://www.netflix.com/
月額定額制の動画配信サービス。英語字幕が出る映画や海外ドラマもあります。ユーザーの好みに応じて、おすすめの映画や海外ドラマを出してくれるのが特徴。

● EnglishCentral

https://ja.englishcentral.com/

　動画を使ってさまざまな英語学習ができるサービス。PC版とスマートフォン版（アプリ）があります。ニュースやインタビュー、映画の予告編など、生きた英語がたくさん聞けるので、発音トレーニングにおすすめ。詳細は第6章でご紹介します。

● TED

https://www.ted.com/

　世界的なプレゼンカンファレンス、TEDのウェブサイトから、気になるTEDプレゼンを探して発音トレーニングに使うのもいいでしょう。さまざまなカテゴリのプレゼンがありますし、スピーカーによって話し方も違います。

　この人のようなプレゼンができるようになりたい、この人の発音が好き、そんなTEDスピーカーを見つけて真似してみましょう。

● YouTube

https://www.youtube.com/

　YouTubeにはさまざまな動画があります。自分の好きな有名人が話している動画や、好きなジャンル、気になるトピックの動画を探してみましょう。

　動画の右下に字幕のマークが出ている場合には、それをクリックすると自動生成された字幕が表示されます。はっきり話されている動画なら、この字幕はかなり正確に出ますので、これを使って発音トレーニングをしてみましょう。

ソフトやアプリを活用して録音、再生しよう

　この発音トレーニングでは、くり返し音声を聞いて音の特徴をつかんだり、オーバーラッピングで音声と重ねて発音練習をしたりします。特に映画やドラマの一部を使うとき、毎回 DVD で巻き戻しをするのは大変ですよね。

　そこで、使う部分だけを録音して、簡単にリピート再生ができたり、音声の速度を変えられるソフトやアプリを使って再生すると、とても効率的にトレーニングができます。

　以下、① PC 派、②スマートフォン派、③ IC レコーダー派のそれぞれの方向けに、録音方法、再生方法やおすすめソフト、アプリをご紹介します。

① PC 派の方

(1) PC 上で使える録音ソフトで、使いたい音声を録音し、mp3 ファイルにする。

おすすめソフト

Moo0 ボイス録音器（Windows）
Apowersoft オンライン音声録音フリーソフト（Mac）

(2) リピート再生や速度変更ができる再生ソフトで再生する。

おすすめソフト

Audacity（Windows 版、Mac 版ともあり）

②スマートフォン派の方

Android

(1) 標準アプリの「音声レコーダー」で録音する。
(2) 音声再生アプリAudipoをインストールして、曲を選択するときにSoundsフォルダを選択すると、音声レコーダーで録音したファイルを開くことができる。

iPhone

(1) 標準アプリの「ボイスメモ」で録音する。
(2) AudipoやmimiCopyなどの音声再生アプリをインストールしておき、録音後のファイルから各アプリを選んで開くことができる。

③ICレコーダー派の方

ICレコーダーだけを使って録音も再生もできるように、再生スピード調節ができる機種を選ぶのがおすすめ。

こうしたソフトやアプリ、機器の利用は、最初とっつきにくく感じるかもしれませんが、慣れると本当に便利です。ぜひうまく活用してくださいね。

毎日続けることが大事

　くり返しになりますが、発音トレーニングは毎日続けることが大切です。英語学習全般に言えることではあるのですが、１日休んでしまうと、積み重ねてきた発音への勘が少し鈍ってしまったり、元の発音に戻ってしまったりして、とてももったいないのです。

　もちろん、再開すればまた前に進んでいくことはできるので「休んでも再開すればよし」という気持ちは持っていただきたいと思います。ですが、発音トレーニングに関しては特に、休んでばかりだと一向に自分の発音が変わっていきません。

　まずはこれから１ヶ月、集中的に伝わる発音を身につけるつもりで、取り組みましょう。この１ヶ月の努力が、今後の英語のコミュニケーションを大きく変えていくことになるはずです。１ヶ月の発音トレーニングをおこなうと、発音への意識が変わっていきます。
　ふと英語を聞いたときにも、それを真似しやすくなっている自分に気づくでしょう。意識的に音の特徴をつかもうとしなくても、丸ごと聞いて真似することができるようになっていきます。
　そうなったら、発音トレーニングとしては卒業してかまいません。そのあとは、自分が気になった英語フレーズに出会ったときだけ、真似して発音してみましょう。

自転車の最初のこぎ出しのように、発音トレーニングを始めたばかりの頃は、少し負荷がかかりますが、慣れたらスイスイこいで進んでいけるようになります。

　できるだけ毎日続けられるように、自分の興味のあるものを題材として使って、無理のない時間、場所を見つけて、トレーニングを続けてくださいね。

タニケイ式発音トレーニング Q&A

Q. 発音トレーニングで大事な5つの要素の中で、リズムをつかむのが苦手です。リズムをつかめないと発音は改善しないのでしょうか。

　リズムはつかめると英語らしく話せるようになりますが、苦手な要素は無理につかもうとしなくても大丈夫です。たとえば、音の変化(リンキング)、イントネーション、アクセントなど、自分の得意なものから順番に意識してみてください。リズム以外にも特定の要素が苦手な人は、そこにこだわりすぎず、得意なものから意識してみてください。

Q. ステップ1で発音記号は全部調べたほうがいいのでしょうか。

　全部調べる必要はありません。自分が思っていた発音と違った単語や、真似してみて違和感のある発音だった場合には、調べてみましょう。発音記号を確認するだけで「実はそんな発音だったのか！」と気づくこともあります。

第4章　タニケイ式発音トレーニングを始めよう

> **Q. 早口の英語だと、ステップ2のオーバーラッピングでなかなか音声と重ねることができません。もっとゆっくりのものを使ったほうがいいのでしょうか。**

　発音トレーニングでは、あまり早口すぎないものを使ってください。スピードが速いと、ついていくのに精一杯になってしまい、丁寧に発音練習をすることができません。ただ、遅すぎたり、ポーズ（空白）が多すぎたりしても、ナチュラルな話し方ではなくなってしまいますので、速すぎず、遅すぎないスピードのものを探してみてください。どうしても速いものを使いたい場合には、速度を変えられる音声再生アプリなどを使って、速度を遅くして再生しましょう。

> **Q. 機能語などで、ほとんど聞こえない単語にはどのようなマークを書きこめばいいでしょうか。**

　ほとんど聞こえない場合でも、何かしら音は聞こえているはずです。意味が重要ではない機能語の場合、前後の単語とリンキングによってつながって音が変化している場合が多いと思います。そのときには、リンキングのマークを入れましょう。また、単語の下にスピードが速い場合のマークを入れておくのもいいですね。

> Q. ステップ3で自分の発音を録音して聞いても、正しい発音なのかわからないときがあります。どうすればいいでしょうか。

　毎日発音トレーニングを続けていくことで、発音に対する意識が高くなり、自分の発音のチェックもどんどんできるようになっていきます。しかし、最初のうちは客観的に自分の発音を判断するのが難しいかもしれません。**①音の変化（リンキング）②アクセント③イントネーション④リズム＆スピード⑤発音記号**の5つの要素をそれぞれ見ていっても、どこに違いがあるのかわからなかったら、その日のトレーニングはそこで終了していただいてかまいません。

　もし、発音を見てくれる先生やネイティブの知り合いがいれば、ぜひ人からの発音チェックも受けてみてください。また、第6章で紹介するEnglishCentralの発音チェック機能もぜひ活用してください。

Q. 毎日トレーニングに使う題材を探すのが大変なのですが、何かおすすめのサイトや教材はありませんか？

　できるだけ自然な英語で発音トレーニングをおこなっていただきたいので、137ページからの「発音トレーニングの題材の選び方」で紹介したように、好きな映画やドラマを使うのがおすすめです。また、第6章で紹介するEnglishCentralでも、ほどよい長さのさまざまなジャンルの動画が見られますので、こちらもぜひ使ってみてください。たくさんの英語のフレーズが紹介されている、NHKのゴガクル（**https://gogakuru.com/**）というウェブサイトもおすすめです。

Q. 発音トレーニングの題材には、アメリカ英語やイギリス英語など、どの国の英語を使ったらいいでしょうか。おすすめはありますか？

　発音トレーニングには、自分がこういう発音ができるようになりたい、この国の人の英語が特に聞き取れるようになりたいと思う国の英語を使いましょう。その音の特徴を真似して練習しますので、その国の英語に近い発音で話せるようになりますし、その国の英語が特に聞き取りやすくなっていく効果があります。それでも迷う場合は、映画やドラマなど使える題材が多いアメリカ英語を選ぶといいでしょう。

> Q. 洋楽が好きなのですが、洋楽で発音トレーニングはできますか？

　洋楽を使った発音練習もおすすめです。特に音の変化（リンキング）を身につけるのにいいですね。ただ、洋楽の場合には、話すときのようなイントネーションはありませんし、リズム＆スピードも歌に合わせたものになってしまいます。洋楽を使った練習だけでなく、映画やドラマなど自然な会話を使った発音トレーニングもしていきましょう。

> Q. 仕事が忙しく、どうしても毎日続けて練習できない場合はどうしたらいいでしょうか？

　大人になってからの発音改善には、継続的なトレーニングが必要です。1日休んでしまうと、せっかく積み上げてきた発音への勘が少し鈍ってしまいますので、できるだけ休まずにトレーニングを続けてください。10分のトレーニング時間が取れない場合には、5分だけでもかまいません。もし新しい英文を使うのが難しければ、前日の発音トレーニングの復習をするだけでもいいので、毎日音声を聞いて、真似して発音することは続けてくださいね。

Column 3
自信を持って堂々と話そう

　英語は、アクセントやイントネーションをつけて話すと、グンと伝わりやすくなる、とお話してきました。しかし、英語を話すときにはほかにも大事なポイントがあるのです。それは**大きな声で堂々と、自信を持って話すこと**です。

　ネイティブが英語を話す場面を思い浮かべてみましょう。たいていの人は、とてもよく通る声で、堂々と抑揚をつけて話していますよね。その話し方に圧倒されてしまう人もいるかもしれませんが、慣れてくるとこれが標準的な話し方なのだとわかります。

　日本語には、イントネーションやアクセントの強弱があまりありません。その日本語の話し方で、淡々と英語を話してしまうと、ネイティブにとっては、どこが重要な部分なのかわからず、聞き続けるのが苦痛になってしまいます。

　英語を話すときに自分のキャラクターまで変える必要はないのですが、少なくとも話し方だけは、自信を持って堂々と、抑揚をつけて話すようにしましょう。

実際に誰かと英語を話すときに抑揚をつけて話せるようになるためには、練習のときに大げさなくらいに抑揚をつけて話す練習をすることが必要です。本番では緊張もあって、6割くらいしか抑揚がつけられないかもしれません。それも加味して、オーバーなくらい抑揚をつけて練習をしてみてくださいね。

第 5 章

30日間の英語発音トレーニング実践！

📖 30日間の英語発音 トレーニング実践！

　ここからは、30日間の英語発音トレーニングを実践できるように、1日1、2文の題材を収録します。ぜひ、第4章までの内容を振り返りながら、毎日10分の英語発音トレーニングを続けてくださいね。

　題材としては、名作小説 "The Adventures of Sherlock Holmes"（『シャーロック・ホームズの冒険』）から、以下の3つの短編を使います。

- "The Adventure of the Speckled Band"（まだらの紐）
- "The Red-Headed League"（赤毛組合）
- "A Scandal in Bohemia"（ボヘミアの醜聞（しゅうぶん））

　ホームズやワトソン、さまざまな登場人物たちのセリフで発音練習をしていきましょう。

　その前にまず、タニケイ式英語発音トレーニングの3ステップをおさらいしておきましょう。

●タニケイ式発音トレーニングの3ステップ●

ステップ1では発音の特徴を書きこみながらリスニングをします。本書に直接書きこみをしていただいてもかまいませんし、以下のPDFを印刷して書きこみをしていただくこともできます。

▶ **30日間の英語発音トレーニング実践！書きこみ用シート**
　　ダウンロード用URL　http://pbook.info/pron

▶ **そのほかに用意するもの**
① 筆記用具
② 音声を再生するもの（スマートフォン、PC、ミュージックプレイヤーなど）
③ 音声を録音するもの（スマートフォン、PC、ICレコーダーなど）

マークの書きこみ例

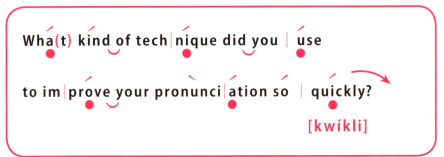

 書きこみ用マーク

① 音の変化（リンキング）　⌣　( )
② アクセント　╱　╲
③ イントネーション　↗　↘
④ リズム＆スピード　●　｜　→
⑤ 発音記号（気になった単語のみ）　[　　　]

　１日ごとに、問題ページと解説ページがありますので、まずは自分で問題ページを見ながらトレーニングをしてみて、そのあとで次の解説ページを見るようにしてくださいね。

　それでは、１日目から始めましょう！

DAY 01 発音トレーニング 1 日目

◆ 今日のセンテンス

トレーニング実施日　　月　日
トレーニング時間　　分

🔊 音声 30　　英文に発音の特徴を書き込んでみよう！

What are you going to do yourself?

"The Adventure of the Speckled Band"（まだらの紐）より

 3 ステップの実践記録

実施したステップに ✔ をしよう！

ステップ1	リスニング ☐ ☐ リンキング　☐ アクセント　☐ イントネーション ☐ リズム & スピード　☐ 発音記号
ステップ2	オーバーラッピング ☐
ステップ3	発音チェック ☐

発音の特徴記入例

🔊 **音声 30**　記入例を見て、発音の特徴を確認しよう！

What are you | goin(g) to | do your self?

日本語訳　あなたはこれから何をする予定ですか？

発音のワンポイント・アドバイス

- What are がつながって「ワラー」のように発音されています。
- going to の going の最後の g は発音せず「ゴーイントゥ」のように発音されています。
- What、going、do、yourself の 4 語にアクセントが置かれています。
- What という疑問詞で始まる疑問文のため、文末はゆるやかに下がっています。

DAY 02 発音トレーニング2日目

◆ 今日のセンテンス

トレーニング実施日	トレーニング時間
月　日	分

🔊 音声 31　　英文に発音の特徴を書き込んでみよう！

> It is a little cold for the time of the year.

"The Adventure of the Speckled Band"（まだらの紐）より

✓ 3ステップの実践記録

実施したステップに ✔ をしよう！

ステップ1	リスニング ☐ ☐ リンキング　☐ アクセント　☐ イントネーション ☐ リズム＆スピード　☐ 発音記号
ステップ2	オーバーラッピング ☐
ステップ3	発音チェック ☐

発音の特徴記入例

🔊 **音声 31**　記入例を見て、発音の特徴を確認しよう！

It is a little | cold for the | time of the | year.

 日本語訳　この季節にしては少し寒いですね。

発音のワンポイント・アドバイス

- It is a がつながって「イリザ」のように発音されています。
- little は「リトル」ではなく「リロ」のように発音されます。このようにアクセントの直後に [t] の音がある場合、その [t] は弱めに発音され、ラ行のような音に変わります。
- time of がつながって「タイモヴ」のように発音されています。
- little、cold、time、year の 4 語にアクセントが置かれています。
- 余裕があれば year [jíɚ] を使って [j] の発音を練習してみましょう。

DAY 03 発音トレーニング3日目

◆ 今日のセンテンス

トレーニング実施日	トレーニング時間
月　日	分

🔊 音声 32　　英文に発音の特徴を書き込んでみよう！

> Yes, it was only put there a couple of
>
> years ago.

"The Adventure of the Speckled Band"（まだらの紐）より

✓ 3ステップの実践記録

実施したステップに ✓ をしよう！

ステップ1	リスニング ☐ ☐ リンキング　☐ アクセント　☐ イントネーション ☐ リズム & スピード　☐ 発音記号
ステップ2	オーバーラッピング ☐
ステップ3	発音チェック ☐

発音の特徴記入例

🔊 音声32　　記入例を見て、発音の特徴を確認しよう！

> Yes, i(t) was | only | pu(t) there a | couple of |
>
> years a go.

日本語訳　はい、これは2～3年前に取り付けられたばかりです。

 発音のワンポイント・アドバイス

- it was の it の t ははっきり発音せず「イッワズ」のように発音されています。
- was only がつながって「ワゾンリ」のように発音されています。
- put there の put の最後の t ははっきり発音せず「プッゼア」のように発音されています。
- couple of がつながって「カップロヴ」のように発音されています。
- Yes、only、put、there、couple、years、ago の 7 語にアクセントが置かれています。

DAY 04 発音トレーニング4日目

◆ 今日のセンテンス

トレーニング実施日	トレーニング時間
月　日	分

🔊 音声 33　　英文に発音の特徴を書き込んでみよう！

> Are you sure about this whistle and metallic sound?

"The Adventure of the Speckled Band"（まだらの紐）より

✓ 3ステップの実践記録

実施したステップに ✔ をしよう！

ステップ1	リスニング ☐ ☐ リンキング　☐ アクセント　☐ イントネーション ☐ リズム & スピード　☐ 発音記号
ステップ2	オーバーラッピング ☐
ステップ3	発音チェック ☐

発音の特徴記入例

🔊 **音声 33**　記入例を見て、発音の特徴を確認しよう！

```
Are you | sure abou(t) this | whistle an(d) me|tallic sound?
```

日本語訳　その口笛と金属音については、確かですか？

発音のワンポイント・アドバイス

- sure about this がつながって「シュアバウディス」のように発音されています。
- whistle and metallic がつながって「ウィッスレンメタリック」のように発音されています。
- sure、this、whistle、metallic、sound の5語にアクセントが置かれています。
- Yes-No で答える疑問文のため、文末は少し上がっています。

DAY 05 発音トレーニング5日目

◆ 今日のセンテンス

トレーニング実施日　月　日
トレーニング時間　　　分

🔊 音声 34　英文に発音の特徴を書き込んでみよう!

> How did you know, for example, that I did manual labour.

"The Red-Headed League"（赤毛組合）より

3ステップの実践記録

実施したステップに ✔ をしよう！

ステップ1	リスニング ☐ ☐ リンキング　☐ アクセント　☐ イントネーション ☐ リズム&スピード　☐ 発音記号
ステップ2	オーバーラッピング ☐
ステップ3	発音チェック ☐

発音の特徴記入例

 音声 34 記入例を見て、発音の特徴を確認しよう！

How did you ｜ know, for ex|ample, that I ｜ di(d) manua(l) ｜ labour.

日本語訳　どうやってわかったのですか、たとえば、私が肉体労働をしていたことを。

発音のワンポイント・アドバイス

- did you がつながって「ディッジュー」のように発音されています。
- that I がつながって「ザライ」のように発音されています。
- did manual labour がつながって「ディッマニュアレイバー」のように発音されています。
- How、know、example、did、manual、labour の6語にアクセントが置かれています。
- How という疑問詞で始まる疑問文のため、文末はゆるやかに下がっています。

DAY 06 発音トレーニング6日目

◆ 今日のセンテンス

トレーニング実施日　月　日
トレーニング時間　　分

 音声 35　英文に発音の特徴を書き込んでみよう!

> Whatever your reasons may be, you are
>
> perfectly correct.

"The Adventure of the Speckled Band"（まだらの紐）より

✓ 3ステップの実践記録

実施したステップに ✓ をしよう!

ステップ1	リスニング ☐ ☐ リンキング　☐ アクセント　☐ イントネーション ☐ リズム & スピード　☐ 発音記号
ステップ2	オーバーラッピング ☐
ステップ3	発音チェック ☐

発音の特徴記入例

🔊 音声35　記入例を見て、発音の特徴を確認しよう！

```
Whát|ever your | réasons may | bé, you are →
    ●                ●              ●
perféctly cor|réct.
    ●             ●
```

日本語訳　あなたの挙げた理由はともかく、あなたの言ったことは完全に合っています。

発音のワンポイント・アドバイス

- Whatever を「ワットエヴァー」と発音せず「ワレヴァー」のように発音しています。
- Whatever、reasons、be、perfectly、correct の5語にアクセントが置かれています。特に be が強め、高めに発音されています。
- you are が速く話されています。
- 余裕があれば correct [kərékt] の [r] の音を練習しましょう。これを [l] で発音してしまうと collect（集める）という単語になってしまいます。

DAY 07 発音トレーニング7日目

◆ 今日のセンテンス

トレーニング実施日　月　日
トレーニング時間　　分

🔊 音声 36　英文に発音の特徴を書き込んでみよう！

> You should absolutely follow my advice in every respect.

"The Adventure of the Speckled Band"（まだらの紐）より

✔ 3ステップの実践記録

実施したステップに ✔ をしよう！

ステップ1	リスニング ☐ ☐ リンキング　☐ アクセント　☐ イントネーション ☐ リズム＆スピード　☐ 発音記号
ステップ2	オーバーラッピング ☐
ステップ3	発音チェック ☐

発音の特徴記入例

🔊 **音声 36** 記入例を見て、発音の特徴を確認しよう!

You should | ábso|lùtely | fóllow my ad|více in | évery re|spéct.

日本語訳 あなたは、全ての点において、私の助言に完全に従うべきだ。

 発音のワンポイント・アドバイス

- advice in がつながって「アドヴァイスィン」のように発音されています。
- absolutely、follow、advice、every、respect の 5 語にアクセントが置かれています。
- absolutely [ǽbsəlùːtli] には 2 つアクセントがあります。意識して練習しましょう。
- advice [ədváɪs] は後半にアクセントがあります。

DAY 08 発音トレーニング 8 日目

◆ 今日のセンテンス

トレーニング実施日　月　日
トレーニング時間　　分

🔊 音声 37　英文に発音の特徴を書き込んでみよう！

> Your cases have indeed been of the
>
> greatest interest to me.

"The Red-Headed League"（赤毛組合）より

✔ 3ステップの実践記録

実施したステップに ✔ をしよう！

ステップ1	リスニング ☐ ☐ リンキング　☐ アクセント　☐ イントネーション ☐ リズム＆スピード　☐ 発音記号
ステップ2	オーバーラッピング ☐
ステップ3	発音チェック ☐

発音の特徴記入例

🔊 **音声 37**　　記入例を見て、発音の特徴を確認しよう！

Your | cases have in|dee(d) | been of the | greatest | interes(t) to me.

日本語訳　君の事件は、僕にとって実に最高に面白い。

 発音のワンポイント・アドバイス

- have indeed がつながって「ハヴィンディーッ」のように発音されています。
- been of がつながって「ビーノヴ」のように発音されています。
- greatest interest to がつながって「グレイテスティンテレストゥ」のように発音されています。
- cases、indeed、been、greatest、interest の 5 語にアクセントが置かれています。
- 特に indeed と been が韻を踏んでいますので、強調してリズミカルに話してみましょう。

DAY 09 発音トレーニング9日目

◆ 今日のセンテンス

トレーニング実施日　月　日
トレーニング時間　分

🔊 音声 38　英文に発音の特徴を書き込んでみよう！

> I believe, Mr. Holmes, that you have already made up your mind.

"The Adventure of the Speckled Band"（まだらの紐）より

✓ 3ステップの実践記録

実施したステップに✓をしよう！

ステップ1	リスニング ☐ ☐ リンキング　☐ アクセント　☐ イントネーション ☐ リズム＆スピード　☐ 発音記号
ステップ2	オーバーラッピング ☐
ステップ3	発音チェック ☐

発音の特徴記入例

🔊 音声38　記入例を見て、発音の特徴を確認しよう！

I be|lieve, Mr.|Holmes, that you (h)ave al|ready made up your | mind.

日本語訳　ホームズさん、あなたの心はすでに決まっていると私は信じています。

発音のワンポイント・アドバイス

- that you have が速く話されているため、have の最初の h の音がほとんど聞こえません。
- made up がつながって「メイダップ」のように発音されています。
- believe、Mr.、Holmes、already、made、up、mind の7語にアクセントが置かれています。

DAY 10 発音トレーニング 10 日目

◆ 今日のセンテンス

トレーニング実施日	トレーニング時間
月　日	分

🔊 音声 39　　英文に発音の特徴を書き込んでみよう！

> You could not possibly have come at a better time, my dear Watson.

"The Red-Headed League"（赤毛組合）より

✓ 3ステップの実践記録

実施したステップに ✔ をしよう！

ステップ1	リスニング ☐ ☐ リンキング　☐ アクセント　☐ イントネーション ☐ リズム & スピード　☐ 発音記号
ステップ2	オーバーラッピング ☐
ステップ3	発音チェック ☐

発音の特徴記入例

🔊 音声 39　記入例を見て、発音の特徴を確認しよう！

You coul(d) no(t) | possibly have | come at a better | time, my dear | Watson.

日本語訳　最高のタイミングで来てくれたね、親愛なるワトソン。

発音のワンポイント・アドバイス

- You could not の 3 語がとても速く発音されています。
- could not のそれぞれの最後の子音は発音されず「クッナッ」のように発音されています。
- come at a がつながって「カマラ」のように発音されています。
- better は「ベター」ではなく「ベラ」のように発音されています。
- possibly、come、better、time、dear、Watson の 6 語にアクセントが置かれています。

DAY 11 発音トレーニング 11 日目

◆ 今日のセンテンス

トレーニング実施日　月　日
トレーニング時間　分

🔊 音声 40　英文に発音の特徴を書き込んでみよう！

And how could you tell that they would make their attempt tonight?

"The Red-Headed League"（赤毛組合）より

✔ 3ステップの実践記録

実施したステップに ✔ をしよう！

ステップ 1	リスニング ☐ ☐ リンキング　☐ アクセント　☐ イントネーション ☐ リズム＆スピード　☐ 発音記号
ステップ 2	オーバーラッピング ☐
ステップ 3	発音チェック ☐

発音の特徴記入例

🔊 **音声 40**　記入例を見て、発音の特徴を確認しよう！

> An(d) | how could you | tell tha(t) they woul(d) |
> make their at|temp(t) to|night?

日本語訳　それと、彼らが今晩試みるだろうことは、どうしてわかったんだ？

 発音のワンポイント・アドバイス

- could you がつながって「クッジュー」のように発音されています。
- that they のつながりでは that の最後の t は発音せず「ザッゼイ」のように聞こえます。
- would make のつながりでは would の最後の d は発音せず「ウッメイク」のように聞こえます。
- attempt tonight がつながって「アテンプトゥナイ」のように発音されています。
- how、tell、make、attempt、tonight の 5 語にアクセントが置かれています。
- how という疑問詞で始まる疑問文のため、文末は下がって終わっています。

DAY 12 発音トレーニング 12 日目

◆ 今日のセンテンス

トレーニング実施日	トレーニング時間
月　日	分

🔊 音声 41　英文に発音の特徴を書き込んでみよう！

> I am going through the City first, we can
>
> have some lunch on the way.

"The Red-Headed League"（赤毛組合）より

3ステップの実践記録

実施したステップに ✔ をしよう！

ステップ1	リスニング ☐ ☐ リンキング　☐ アクセント　☐ イントネーション ☐ リズム&スピード　☐ 発音記号
ステップ2	オーバーラッピング ☐
ステップ3	発音チェック ☐

発音の特徴記入例

🔊 音声41　　記入例を見て、発音の特徴を確認しよう！

> I am | goin(g) through the | City first, we can | have some | lunch on the | way.

日本語訳　最初にシティを通って行くから、私たちは途中でランチを食べられる。（シティ＝ロンドン中心部のこと）

 発音のワンポイント・アドバイス

- 最初のI amはつなげて「アイム」のように発音されています。
- going throughのつながりではgoingの最後のgを発音していません。
- throughはとても短く発音されています。
- going、City、first、have、lunch、wayの6語にアクセントが置かれています。その中でもlunch、wayが強めに聞こえます。

DAY 13 発音トレーニング 13 日目

◆ 今日のセンテンス

トレーニング実施日　　月　　日

トレーニング時間　　　分

🔊 音声 42　　英文に発音の特徴を書き込んでみよう！

> I think, Watson, that you have put on
>
> seven and a half pounds since I saw you.

"A Scandal in Bohemia"（ボヘミアの醜聞）より

✔ 3ステップの実践記録

実施したステップに ✔ をしよう！

ステップ1	リスニング ☐ ☐ リンキング　☐ アクセント　☐ イントネーション ☐ リズム＆スピード　☐ 発音記号
ステップ2	オーバーラッピング ☐
ステップ3	発音チェック ☐

発音の特徴記入例

音声 42 記入例を見て、発音の特徴を確認しよう！

I | think, | Watson, tha(t) you (h)ave | put on | seven and a half | pounds since I | saw you.

日本語訳 私が思うに、ワトソン、前に君に会ってから君は7ポンド半太ったようだね。(7ポンド半＝約3.4Kg)

発音のワンポイント・アドバイス

- put on がつながって「プロン」のように発音されています。
- seven and a がつながって「セヴネナ」のように発音されています。
- since I がつながって「スィンサイ」のように発音されています。
- think、Watson、put、on、seven、half、pounds、saw の 8 語にアクセントが置かれています。その中でも seven、half が強めに聞こえます。
- that you have が速く発音されています。that の最後の t は発音せず、have の最初の h はとても弱くなっています。
- 余裕があれば think [θíŋk] を使って [θ] の発音を練習しましょう。

DAY 14 発音トレーニング 14 日目

◆ 今日のセンテンス

トレーニング実施日　月　日
トレーニング時間　分

🔊 音声 43　英文に発音の特徴を書き込んでみよう！

> No, but I observe the second half of a return ticket in the palm of your left glove.

"The Adventure of the Speckled Band"（まだらの紐）より

✓ 3ステップの実践記録

実施したステップに ✓ をしよう！

ステップ1	リスニング ☐ ☐ リンキング　☐ アクセント　☐ イントネーション ☐ リズム＆スピード　☐ 発音記号
ステップ2	オーバーラッピング ☐
ステップ3	発音チェック ☐

発音の特徴記入例

 音声 43　記入例を見て、発音の特徴を確認しよう！

No, but I ob|serve the secon(d) | half of a return |
ticket in the | palm of your left | glove.

日本語訳　いいえ、しかし私は、あなたの左の手袋の手のひらに、往復切符の半券があることに気づいています。

発音のワンポイント・アドバイス

- but I がつながって「バライ」のように発音されています。
- second half of a がつながって「セカンハーフォヴァ」のように発音されています。
- ticket in がつながって「ティケッティン」のように発音されています。
- palm of がつながって「パーモヴ」のように発音されています。
- No、observe、second、half、return、ticket、palm、left、glove の 9 語にアクセントが置かれています。その中でも observe、ticket が強めに聞こえます。
- glove [glˈʌv] の発音を確認しましょう。日本語では「グローブ」と言いますが英語では「グラヴ」のように発音します。

DAY 15 発音トレーニング 15 日目

◆ 今日のセンテンス

トレーニング実施日　月　日
トレーニング時間　　　分

🔊 音声 44　英文に発音の特徴を書き込んでみよう！

> I thought at first that you had done something clever, but I see that there was nothing in it after all.

"The Red-Headed League"（赤毛組合）より

✓ 3ステップの実践記録

実施したステップに ✓ をしよう！

ステップ1	リスニング ☐ ☐ リンキング　☐ アクセント　☐ イントネーション ☐ リズム＆スピード　☐ 発音記号
ステップ2	オーバーラッピング ☐
ステップ3	発音チェック ☐

発音の特徴記入例

🔊 **音声44** 　記入例を見て、発音の特徴を確認しよう！

> I thought at | firs(t) tha(t) you ha(d) | done somethin(g) | clever, but I | see tha(t) there was | nothing in it after | all.

日本語訳 　最初は、あなたが何かとても賢いことをしたのだと思いましたが、そこには何も賢いことなどなかったのだとわかりました。

 発音のワンポイント・アドバイス

- nothing in it after がつながって「ナッスィンギッニッラフター」のように発音されています。
- thought、first、clever、see、nothing が特に強く聞こえます。
- that you had や that there was がとても速く発音されています。リンキングをしっかり真似して、スピードを合わせられるように練習してみましょう。
- first を強め、高めに発音しているのは「はじめは賢いことをしたと思ったが、そうでもなかった」ということを強調しているのですね。

DAY 16 発音トレーニング16日目

◆ 今日のセンテンス

トレーニング実施日　月　日
トレーニング時間　分

 音声 45　英文に発音の特徴を書き込んでみよう！

> We shall spend the night in your room, and
>
> we shall investigate the cause of this noise
>
> which has disturbed you.

"The Adventure of the Speckled Band"（まだらの紐）より

✓ 3ステップの実践記録

実施したステップに ✓ をしよう！

ステップ1	リスニング ☐ ☐ リンキング　☐ アクセント　☐ イントネーション ☐ リズム＆スピード　☐ 発音記号
ステップ2	オーバーラッピング ☐
ステップ3	発音チェック ☐

発音の特徴記入例

🔊 音声 45　記入例を見て、発音の特徴を確認しよう！

> We shall | spen(d) the night in your | room, an(d)
>
> we shall in|vestiga(te) the | cause of this | noise
>
> which (h)as dis|turbed you.

日本語訳　私たちは、今晩あなたの部屋で過ごして、あなたを不安にさせた音の原因を調べようと思います。

 発音のワンポイント・アドバイス

- spend の最後の d ははっきり発音していません。
- night in your がつながって「ナイリニュア」のように発音されています。
- and we のつながりでは and の d は発音していません。
- shall investigate をなめらかにつなげて発音しています。
- which has disturbed の has の h は弱く発音しています。
- spend、investigate、cause、disturbed が強めに聞こえます。
- We shall、and we shall、which has などが速めに話されています。真似して練習してみましょう。

DAY 17 発音トレーニング 17 日目

◆ 今日のセンテンス

トレーニング実施日　月　日
トレーニング時間　　分

🔊 音声 46　　英文に発音の特徴を書き込んでみよう！

> Now, on the other side of this narrow wing runs the corridor from which these three rooms open. There are windows in it, of course?

"The Adventure of the Speckled Band" (まだらの紐) より

✓ 3ステップの実践記録

実施したステップに ✔ をしよう！

ステップ1	リスニング ☐ ☐ リンキング　☐ アクセント　☐ イントネーション ☐ リズム＆スピード　☐ 発音記号
ステップ2	オーバーラッピング ☐
ステップ3	発音チェック ☐

発音の特徴記入例

🔊 音声 46　記入例を見て、発音の特徴を確認しよう！

> Now, on the | other side of this | narrow win(g)
> runs the | corridor from which | these three rooms
> | open. There are | windows in it, of | course?

日本語訳　さて、この狭い棟の反対側に廊下があって、それはこれらの3つの部屋に面しているのですね。もちろん、部屋の中には窓がありますよね？

発音のワンポイント・アドバイス

- side of がつながって「サイドヴ」のように発音されています。
- wing の最後の g は発音されていません。
- windows in it がつながって「ウィンドウズィニッ」のように発音されています。
- Now、corridor、these、three、rooms、open、windows が特に強めに聞こえます。
- 後半の一文は普通の文の形の疑問文のため、文末は上がって終わります。
- 余裕があれば corridor [kˈɔːrədɚ] の発音とアクセントを練習しましょう。

DAY 18 発音トレーニング 18 日目

◆ 今日のセンテンス

トレーニング実施日　　月　　日

トレーニング時間　　　　分

🔊 **音声 47**　　英文に発音の特徴を書き込んでみよう！

> It is not a common experience among employers in this age. I don't know that your assistant is not as remarkable as your advertisement.

"The Red-Headed League"（赤毛組合）より

✓ 3ステップの実践記録

実施したステップに ✓ をしよう！

ステップ1	リスニング ☐ ☐ リンキング　☐ アクセント　☐ イントネーション ☐ リズム＆スピード　☐ 発音記号
ステップ2	オーバーラッピング ☐
ステップ3	発音チェック ☐

発音の特徴記入例

🔊 音声 47　記入例を見て、発音の特徴を確認しよう！

```
It is │ not a cómmon ex│périence among
  →    ●              ●
emplóyers in this │ áge. I don'(t) │ know that your
  ●                    ●                         ●
as│sístant is not as re│márkable as your
       ●              ●         ●
àdver│tísement.
  ●     ●
```

日本語訳　この時代、雇い主にとってそれは普通の経験ではないですね。あなたのアシスタントは、あなたの広告と同じくらい珍しいかもわかりませんよ。

発音のワンポイント・アドバイス

- It is がつながって「イリズ」のように発音されています。
- not a がつながって「ナラ」のように発音されています。
- that your がつながって「ザチュア」のように発音されています。
- assistant is、not as、remarkable as your がつながって発音されています。
- common、experience、remarkable が特に強めに聞こえます。
- advertisement [ædvɚtáɪzmənt] は 2 つアクセントがあります。練習してみましょう。

DAY 19 発音トレーニング19日目

◆ 今日のセンテンス

トレーニング実施日　　月　　日
トレーニング時間　　　　分

 音声48　英文に発音の特徴を書き込んでみよう！

> You have heard me remark that the strangest and most unique things are very often connected not with the larger but with the smaller crimes.

"The Red-Headed League"（赤毛組合）より

✓ 3ステップの実践記録

実施したステップに ✓ をしよう！

ステップ1	リスニング ☐ ☐ リンキング　☐ アクセント　☐ イントネーション ☐ リズム＆スピード　☐ 発音記号
ステップ2	オーバーラッピング ☐
ステップ3	発音チェック ☐

発音の特徴記入例

🔊 **音声 48**　記入例を見て、発音の特徴を確認しよう！

> You (h)ave | hear(d) me re|mark tha(t) the |
> strangest an(d) most u|nique things are | very often
> con|necte(d) no(t) wi(th) the | larger bu(t) wi(th) the
> | smaller crimes.

日本語訳　私がこう言うのを君も聞いたことがあるだろう、最も不可解で最もユニークなことは、たいてい大きな事件ではなく、小さな事件とつながっているものだ、と。

発音のワンポイント・アドバイス

- you have の have の最初の h は弱く発音されています。
- strangest and most unique のつながりでは「ストレンジステンモウスチュニーク」のように発音されています。
- heard、remark、strangest、unique、larger、smaller が特に強く聞こえます。
- not with the、but with the が速く発音されています。
- 余裕があれば crimes [kráɪmz] の発音を練習しましょう。[r] が [l] になってしまうと、climb（登る）という単語に聞こえます。

DAY 20 発音トレーニング 20 日目

◆ 今日のセンテンス

トレーニング実施日　月　日
トレーニング時間　分

🔊 **音声 49**　英文に発音の特徴を書き込んでみよう！

> Small, stout-built, very quick in his ways, no hair on his face, though he's not short of thirty. Has a white splash of acid upon his forehead.

"The Red-Headed League"（赤毛組合）より

✓ 3ステップの実践記録

実施したステップに✔をしよう！

ステップ1	リスニング ☐ ☐ リンキング　☐ アクセント　☐ イントネーション ☐ リズム＆スピード　☐ 発音記号
ステップ2	オーバーラッピング ☐
ステップ3	発音チェック ☐

発音の特徴記入例

音声 49　記入例を見て、発音の特徴を確認しよう！

> Small, stou(t)-built, very | quick in (h)is ways,
>
> no | hair on his face, though he's | no(t) short of |
>
> thirty. Has a | white splash of | acid upon (h)is |
>
> forehead.

日本語訳　小柄ですが丈夫な体格で、動きはとてもきびきびしていて、30歳は越えていますが、ひげはありません。額に酸がはねた白い染みがあります。

発音のワンポイント・アドバイス

- quick in his がつながって「クイッキンニズ」のように発音されています。
- not short of がつながって「ナッショーロヴ」のように発音されています。
- Small、stout-built、ways、face の各単語でイントネーションが上がって終わります。まだ並列で言うことが続くときには、よくこのようなイントネーションになります。
- 余裕があれば acid [ǽsɪd] の発音を練習しましょう。最初の [ǽ] は「ア」と「エ」の間の音ですね。

DAY 21 発音トレーニング 21 日目

◆ 今日のセンテンス

トレーニング実施日　月　日
トレーニング時間　　分

🔊 音声 50　　英文に発音の特徴を書き込んでみよう！

> I am a very stay-at-home man, and as my business came to me instead of my having to go to it, I was often weeks on end without putting my foot over the door-mat.

"The Red-Headed League"（赤毛組合）より

✓ 3ステップの実践記録

実施したステップに ✓ をしよう！

ステップ1	リスニング ☐ ☐ リンキング　☐ アクセント　☐ イントネーション ☐ リズム＆スピード　☐ 発音記号
ステップ2	オーバーラッピング ☐
ステップ3	発音チェック ☐

発音の特徴記入例

🔊 **音声 50**　記入例を見て、発音の特徴を確認しよう!

I am a very | stay-at-home | man, and as my | business came to | me instead of my | havin(g) to | go to | it, I was often | weeks on end withou(t) | puttin(g) my foot over the | door-mat.

日本語訳　私はとても出不精で、私が出て行く代わりに仕事が私のほうに来てくれるので、私は何週間もドアマットを踏まないことがよくあるのです。

発音のワンポイント・アドバイス

- instead of がつながって「インステッドヴ」のように発音されています。
- without の最後の t や putting の最後の g は発音されていません。
- came to me の me でイントネーションは一旦下がってから、そのあと上がっています。さらに go to it の it でまた上がっています。文がまだ続いていくことを示したいとき、このように一旦イントネーションを意識的に上げることがあります。特徴的なイントネーションですので真似してみましょう。

DAY 22 発音トレーニング 22 日目

◆ 今日のセンテンス

トレーニング実施日　月　日
トレーニング時間　　分

🔊 音声 51　　英文に発音の特徴を書き込んでみよう！

As you both locked your doors at night,

your rooms were unapproachable from

that side. Now, would you have the kindness

to go into your room and bar your shutters?

"The Adventure of the Speckled Band"（まだらの紐）より

✓ 3ステップの実践記録

実施したステップに ✓ をしよう！

ステップ1	リスニング ☐ ☐ リンキング　☐ アクセント　☐ イントネーション ☐ リズム＆スピード　☐ 発音記号
ステップ2	オーバーラッピング ☐
ステップ3	発音チェック ☐

発音の特徴記入例

🔊 **音声 51**　記入例を見て、発音の特徴を確認しよう！

> As you | both locked your | doors a(t) night,
>
> your | rooms were unap|proachable from
>
> tha(t) | side. | Now, would you have the | kindness
>
> to go into your | room and bar your | shutters?

日本語訳　あなたたちは二人とも夜にはドアに鍵をかけていたのだから、あなたたちの部屋はあちら側からは近づきにくい。そこで、ご自身の部屋に入って、よろい戸にかんぬきをかけていただけますか？

 発音のワンポイント・アドバイス

- locked の最後の子音 [t] と次の your の y がつながって「ロックチュア」のように発音されています。
- from that side の that が「ナット」のように聞こえます。有声音の th の音は、速く発音されるとこのように [n] の音に聞こえることがあります。
- 最後の一文は丁寧に依頼をしている文ですが、疑問文の形のため、shutters の最後は少し上がって終わっています。
- shutter は日本語では「シャッター」と言いますが、英語では「シャター」のような発音になります。

DAY 23 発音トレーニング 23 日目

◆ 今日のセンテンス

音声 52　英文に発音の特徴を書き込んでみよう！

> I really wouldn't miss your case for the world. It is most refreshingly unusual. But there is, if you will excuse my saying so, something just a little funny about it.

"The Red-Headed League"（赤毛組合）より

3ステップの実践記録

実施したステップに ✔ をしよう！

ステップ1	リスニング ☐ ☐ リンキング　☐ アクセント　☐ イントネーション ☐ リズム&スピード　☐ 発音記号
ステップ2	オーバーラッピング ☐
ステップ3	発音チェック ☐

発音の特徴記入例

🔊 **音声 52**　記入例を見て、発音の特徴を確認しよう！

I | really wouldn'(t) | miss your | case for the | world. It is | mos(t) re|freshingly un|usual. Bu(t) there | is, if you will ex|cuse my | sayin(g) so, | somethin(g) | just a little | funny about it.

日本語訳　私は、本当に何があっても絶対にあなたの件を逃しはしません。これは、とてもすがすがしいほど珍しいです。しかし、私がこのように言うのを許していただけるなら、この件にはちょっと滑稽（こっけい）なところがありますね。

 発音のワンポイント・アドバイス

- It is がつながって「イリズ」のように発音されています。
- there is はなめらかにつながって「ゼァリズ」のように発音されています。
- saying の最後の g や something の最後の g はほとんど発音されていません。
- about it がつながって「アバウリッ」のように発音されています。
- refreshingly、unusual、just、little、funny が特に強く聞こえます。

発音トレーニング 24日目

◆ 今日のセンテンス

音声 53 英文に発音の特徴を書き込んでみよう！

> This gentleman, Mr. Wilson, has been my partner and helper in many of my most successful cases, and I have no doubt that he will be of the utmost use to me in yours also.

"The Red-Headed League"（赤毛組合）より

3ステップの実践記録

実施したステップに ✔ をしよう！

ステップ1	リスニング ☐ ☐ リンキング　☐ アクセント　☐ イントネーション ☐ リズム＆スピード　☐ 発音記号
ステップ2	オーバーラッピング ☐
ステップ3	発音チェック ☐

発音の特徴記入例

🔊 音声53　記入例を見て、発音の特徴を確認しよう！

> This | géntleman, Mr. | Wílson, has béen my | pártner and hélper in | mány of my mós(t) succéssful | cáses, and I have | no dóub(t) tha(t) he will | be of the útmost | úse to me in yours | álso.

日本語訳　ウィルソンさん、この紳士は私の相棒で、私が最も（解決に）成功した事件において助けてくれました。そして、彼はあなたの事件においても最大限、役に立ってくれると確信しています。

発音のワンポイント・アドバイス

- in yours also がつながって「イニュアーゾルソ」のように発音されています。
- gentleman、partner、helper、many、most、successful、no、doubt が特に強く聞こえます。
- utmost [ˈʌtmòʊst] は2つアクセントがあります。意識して練習してみましょう。
- use は動詞だと [júːz] という発音ですが、名詞だと [júːs] と濁(にご)りません。ここでは名詞として使われていますので「ユーズ」ではなく「ユース」ですね。

DAY 25 発音トレーニング 25 日目

◆ 今日のセンテンス

トレーニング実施日	トレーニング時間
月　日	分

🔊 音声 54　　英文に発音の特徴を書き込んでみよう！

> I did not wish to lose such a place without a struggle, so, as I had heard that you were good enough to give advice to poor folk who were in need of it, I came right away to you.

"The Red-Headed League"（赤毛組合）より

✔ 3ステップの実践記録

実施したステップに ✔ をしよう！

ステップ1	リスニング ☐ ☐ リンキング　☐ アクセント　☐ イントネーション ☐ リズム & スピード　☐ 発音記号
ステップ2	オーバーラッピング ☐
ステップ3	発音チェック ☐

発音の特徴記入例

音声 54 記入例を見て、発音の特徴を確認しよう！

I did | no(t) wish to | lose such a | place without a | struggle, | so, as I had | heard that you were | good enough to give advice to poor | folk who were in | need of it, I came | right away to | you.

日本語訳　私は、なんの努力もせずに、そんな場所を失いたくはなかったのです。そこで私は、あなたが助言を必要としているかわいそうな者に、いいアドバイスをしてくれると聞いたことがあったので、すぐにあなたのところに来たのです。

発音のワンポイント・アドバイス

- good enough がつながって「グディナフ」のように発音されています。
- need of it がつながって「ニードヴィッ」のように発音されています。
- right away がつながって「ライラウェイ」のように発音されています。
- not、wish、struggle、heard、good、enough、poor、folk、need が特に強く聞こえます。

DAY 26 発音トレーニング 26 日目

◆ 今日のセンテンス

トレーニング実施日　　月　日
トレーニング時間　　　　分

 音声 55　　英文に発音の特徴を書き込んでみよう！

It is probable that he will be away all day, and that there would be nothing to disturb you. We have a housekeeper now, but she is old and foolish, and I could easily get her out of the way.

"The Adventure of the Speckled Band"（まだらの紐）より

✓ 3ステップの実践記録

実施したステップに ✓ をしよう！

ステップ1	リスニング ☐
	☐ リンキング　☐ アクセント　☐ イントネーション
	☐ リズム＆スピード　☐ 発音記号
ステップ2	オーバーラッピング ☐
ステップ3	発音チェック ☐

発音の特徴記入例

音声 55　記入例を見て、発音の特徴を確認しよう！

It is | probable tha(t) he will be away all day, an(d) tha(t) there would be | nothin(g) to dis|turb you. We have a | housekeeper | now, bu(t) she is | old and | foolish, and I could | easily | get (h)er | out of the | way.

日本語訳　彼はおそらく一日中外出していますから、あなたの邪魔をするものは何もないと思います。私たちには今は家政婦が1人いますが、彼女は歳ですし賢くないので、簡単に彼女を退出させられると思います。

発音のワンポイント・アドバイス

- get her の her の最初の h がとても弱く発音されています。
- out of がつながって「アウロヴ」のように発音されています。
- probable、nothing、housekeeper、easily が特に強く聞こえます。
- now と foolish のところで少しイントネーションが上がっているのが特徴的です。

DAY 27 発音トレーニング27日目

◆ 今日のセンテンス

トレーニング実施日	トレーニング時間
月　日	分

 音声 56　　英文に発音の特徴を書き込んでみよう！

> As far as I have heard, it is impossible for me to say whether the present case is an instance of crime or not, but the course of events is certainly among the most singular that I have ever listened to.

"The Red-Headed League"（赤毛組合）より

✓ 3ステップの実践記録

実施したステップに ✓ をしよう！

ステップ1	リスニング ☐ ☐ リンキング　☐ アクセント　☐ イントネーション ☐ リズム＆スピード　☐ 発音記号
ステップ2	オーバーラッピング ☐
ステップ3	発音チェック ☐

発音の特徴記入例

音声 56 記入例を見て、発音の特徴を確認しよう！

As | fár as I have | héard, it is im|póssible for me to | sáy whether the | présen(t) case is an | ínstance of | críme or not, bu(t) the | cóurse of events is | cértainly amon(g) the mós(t) | síngular that I (h)ave ever | lístene(d) to.

日本語訳 私が聞いた限りでは、現在の件が犯罪の事例なのかそうでないのか断言することはできないのですが、事の成り行きは、今まで私が聞いた中でも間違いなく最も奇妙ですね。

発音のワンポイント・アドバイス

- it is impossible がつながって「イリズィンパッスィボー」のように発音されています。
- case is an instance of がつながって「ケイスィザニンスタンソヴ」のように発音されています。
- course of events is がつながって「コーソヴィヴェンツィズ」のように発音されています。
- far、heard、impossible、crime、not、singular が特に強く聞こえます。

DAY 28 発音トレーニング 28 日目

◆ 今日のセンテンス

トレーニング実施日　月　日
トレーニング時間　分

🔊 音声 57　　英文に発音の特徴を書き込んでみよう！

> I went to my work as usual at ten o'clock,
>
> but the door was shut and locked, with a
>
> little square of cardboard hammered on
>
> to the middle of the panel with a tack.
>
> Here it is, and you can read for yourself.

"The Red-Headed League"（赤毛組合）より

✔ 3ステップの実践記録

実施したステップに ✔ をしよう！

ステップ1	リスニング ☐ ☐ リンキング　☐ アクセント　☐ イントネーション ☐ リズム＆スピード　☐ 発音記号
ステップ2	オーバーラッピング ☐
ステップ3	発音チェック ☐

発音の特徴記入例

🔊 **音声 57**　記入例を見て、発音の特徴を確認しよう！

> I | wen(t) to my | work as | usual a(t) | ten o'clock,↗
>
> bu(t) the | door was | shut and | locked, with a |
>
> little | square of | cardboard | hammered | on
>
> to the | middle of the | panel with a | tack.
>
> Here it is, | an(d) you can | read for your|self.

日本語訳　私は、いつも通り10時に仕事に出かけたのですが、ドアは閉まって鍵がかかっていて、そのドアのパネルの真ん中には、小さな四角い厚紙が画びょうで打ち付けられていました。これです。ご自分で読めるでしょう。

 発音のワンポイント・アドバイス

- o'clock でイントネーションが上がっているのが特徴的です。
- 余裕があれば locked [lɑ́kt]、hammered [hǽməd]、panel [pǽnl]、tack [tǽk] の単語を使って「ア」に近い音の発音練習をしましょう。
- "Here it is." は日常的に使うフレーズです。なりきって言ってみましょう。

DAY 29 発音トレーニング29日目

◆ 今日のセンテンス

トレーニング実施日　　月　日
トレーニング時間　　分

🔊 音声 58　英文に発音の特徴を書き込んでみよう！

> Imagine, then, my thrill of terror when last night, as I lay awake, thinking over her terrible fate, I suddenly heard in the silence of the night the low whistle which had been the herald of her own death.

"The Adventure of the Speckled Band"（まだらの紐）より

✓ 3ステップの実践記録

実施したステップに ✔ をしよう！

ステップ1	リスニング ☐ ☐ リンキング　☐ アクセント　☐ イントネーション ☐ リズム＆スピード　☐ 発音記号
ステップ2	オーバーラッピング ☐
ステップ3	発音チェック ☐

発音の特徴記入例

 音声 58　記入例を見て、発音の特徴を確認しよう！

> Imagine, | then, my | thrill of | terror when | las(t) | night, as I | lay awake, | thinking | over her | terrible | fate, I | suddenly | heard in the | silence | of the | night the | low | whistle which (h)a(d) | been the | herald of (h)er | own | death.

日本語訳　そして想像してください。昨晩、彼女の恐ろしい運命を考えながら、目を覚ましたまま横になっているとき、突然夜の静けさの中に、彼女の死の予告であった低い口笛を聞いた、私のぞっとするような恐怖を。

発音のワンポイント・アドバイス

- which had の had の最初の h はとても弱くなります。また had の d もとても弱く発音されています。
- この文はイントネーションが特徴的です。night、awake、fate、night で上がって終わるのを真似してみましょう。
- 余裕があれば thrill [θríl]、terror [térɚ]、terrible [térəbl]、herald [hérəld] などの単語を使って [r] の発音を練習しましょう。

DAY 30 発音トレーニング30日目

◆ 今日のセンテンス

トレーニング実施日　　月　　日
トレーニング時間　　　　分

 音声 59　英文に発音の特徴を書き込んでみよう！

> Yet if the lady is correct in saying that the flooring and walls are sound, and that the door, window, and chimney are impassable, then her sister must have been undoubtedly alone when she met her mysterious end.

"The Adventure of the Speckled Band"（まだらの紐）より

✓ 3ステップの実践記録

実施したステップに✓をしよう！

ステップ1	リスニング ☐ ☐ リンキング　☐ アクセント　☐ イントネーション ☐ リズム＆スピード　☐ 発音記号
ステップ2	オーバーラッピング ☐
ステップ3	発音チェック ☐

発音の特徴記入例

音声 59 記入例を見て、発音の特徴を確認しよう！

Yet if the | lády is cor|réct in | sáyin(g) tha(t) the | flóoring and | wálls are | sóund, an(d) tha(t) the | dóor, | wíndow, and | chímney are im|pássable, then (h)er | síster | múst (h)a (ve) been un|dóubtedly a|lóne when she | mét her mys|térious | énd.

日本語訳　しかし、もしその女性の言っていること――床も壁も無傷で、ドアも窓も煙突も通れない――が正しいなら、彼女のお姉さんは、不可解な最期を遂げたとき、間違いなく1人きりだったに違いない。

発音のワンポイント・アドバイス

- must have been の have の最初の h はとても弱く、v の音も弱いため「マスタビィーン」のように発音されています。
- mysterious end がつながって「ミステリアセンドゥ」のように発音されています。
- この文は特に前半、歌のようにとてもリズミカルに話されています。リズムを感じながら真似してみましょう。

第 5 章　30 日間の英語発音トレーニング実践！

　おつかれさまでした！ 本書で用意している 30 日間の発音トレーニング実践はこれで終わりです。

　引き続き発音トレーニングをしたい方は、137 ページからの「発音トレーニングの題材の選び方」を参考に、自分の好きな題材を選んで発音トレーニングを続けてくださいね。

Column 4

日常的に英語の発音への アンテナを高くしよう

　発音トレーニングをおこなっているとき以外でも、日常的に英語の発音に敏感になれると、さらに発音力がアップしやすくなります。

　発音トレーニングは1日1、2文の短いものを使います。それだけでは、どうしても触れられる文に限りがありますし、練習した文はうまく言えるようになっても、そのほかの文では自信が持てないかもしれません。

　そこで、トレーニング以外でも英語を聞く機会を作って、その発音に意識を向けてみてください。何かをしながらでもかまいません。

　たとえば、通勤時間に10分だけ英語のニュースをスマートフォンで聞いてみましょう。BBCやVOAなどのニュース音声が聞けるアプリもたくさんあります。

　「こんなに抑揚をつけて話すのか」「大事な言葉ははっきり聞こえるように、ゆっくり伸ばしながら話しているな」といったように、内容と発音の関係に意識を向けながら聞いてみると、色々な気づきがあります。

Column 4　日常的に英語の発音へのアンテナを高くしよう

　自宅でもテレビをつけたら日本語のバラエティ番組やドラマを観るだけでなく、英語の番組も観てみましょう。たとえば、BSで観られるDlifeというチャンネルでは、BBCの「ワールドニュース」や「クリック」「トラベル・ショー」といった面白い番組があります。
　また、海外ドラマやディズニーのアニメなども観られますので、自分の好みに合わせて、毎日少しだけ、英語の番組を観る時間を取り入れてみましょう。

　そのとき、もちろん内容を楽しむために日本語字幕が出るものは字幕を見てもかまわないのですが、ぜひ英語の音にも意識を向けてみてください。完全にはわからなくても、ときどき知っているフレーズが耳に飛び込んできます。こういうトーンで、こういうイントネーションで話すのか、と意識しながら聞くだけで、自然な英語発音のいいインプットになります。

　音楽を聞くのが好きな人は、洋楽の歌詞も意識して聞いてみましょう。歌の中でも、やはり大事な言葉はゆっくり伸ばして発音したり、単語と単語がつながって変化したりする現象がたくさん見られます。
　一緒に口ずさみたくなる曲が見つかったら、ぜひ真似して歌ってみましょう。ゆっくりの曲も、テンポの速い曲も、どちらもいい発音練習になります。

「この歌で発音を練習しよう」と気負う必要はありません。楽しみながら、発音を意識して聞いたり、一緒に歌ったりするだけで、ナチュラルな発音が身につきやすくなります。
　私がこれまでに出会った、きれいな英語発音が身についている人の中には、中学生頃から洋楽にはまって、真似して歌っているうちに発音が自然ときれいになった、という人が多くいます。

　ぜひ、発音トレーニングのときだけでなく、通勤中や、自宅でテレビを観るとき、音楽を聞くときなど、常に英語の発音へのアンテナを高くして、意識的にナチュラルな発音を取り入れるようにしましょう。

第6章

EnglishCentralを使った
タニケイ式発音トレーニング

EnglishCentralを使った タニケイ式発音トレーニング

タニケイ式発音トレーニングにピッタリの EnglishCentral

　ここまで、発音力向上のためのサイクルや、伝わる発音に変えるために大事な5つの要素、そして、タニケイ式発音トレーニングの実践方法をご紹介してきました。
　すでに第5章の30日間の発音トレーニングを始められている方もいるかもしれません。

　タニケイ式発音トレーニングのステップ3では「発音チェック」をしますが、ここで自分の発音が改善したかどうかを客観的に判断することがなかなか難しいと感じる方もいるのではないでしょうか。

　そこで、本書の最後に「EnglishCentral」という優れた英語学習ツールをご紹介します。

EnglishCentralとは、豊富な動画の生きた英語を使ってさまざまなトレーニングができる、無料で使えるオンライン総合英語学習ツールです（一部機能は有料）。

「見る」「学ぶ」「話す」の3つのメニューがあり、字幕つきの動画を使って発音練習やリスニングのトレーニングなど、さまざまな英語学習をすることができます。

EnglishCentralには、タニケイ式英語発音トレーニングで使うのにピッタリのポイントが3つあります。

① 豊富な学習用映像がそろっていること

EnglishCentralには有名なスピーチやTEDの動画、CM、インタビュー、映画の予告編などの1万4,000本以上の動画があり、しかも毎日新しい動画が追加され続けています。

これらの動画にはすべて英語字幕がつけられており、一部には日本語字幕もついています。

また、動画がジャンル分けされていたり、出てくる単語の難易度ごとにレベルが割り振られているため、自分のレベルに合った動画を選び、発音トレーニングに使うことができます。

② 動画内の英語が、ネイティブが実際に使っている「生きた英語」であること

英語学習者向けの教材についている英語の音声は、ネイティブからすると違和感のあるものが多く、実際の会話の中でその例文通りに使用しても伝わりにくいことがよくあります。私たちが、外国人向けの日本語教材に違和感を覚えてしまうのと同じですね。

しかし、EnglishCentralには実際にネイティブが自然に会話している動画がたくさんあるため、違和感のない音声を使って発音トレーニングをすることができます。

③ 発音を自動で採点してくれること

EnglishCentralの「話す」メニューでは、動画のフレーズを自分で発音すると、それを録音してくれて、さらに音声解析技術を利用してリアルタイムで採点してくれます。

特に、単語ごとの発音だけではなく、文単位でのなめらかさが採点に反映されるという、ほかのツールにはない機能を備えているところが、タニケイ式発音トレーニングで使うのにピッタリなのです。

次の画面のように、「話す」メニューで発音すると、すぐに英語字幕の右側に発音の採点結果が表示されます。そして、下の英語字幕の各単語が、緑、黄、赤の色に変わります。

色の意味

緑色 … 良い、ネイティブの発音に近い
黄色 … 普通（ほかの日本人と比べて平均的）、ネイティブの発音と乖離（かいり）がある
赤色 … 苦手、ネイティブの発音との乖離が大きい

　このように、発音を客観的に判定してくれると、発音トレーニングも進めやすいですね。

EnglishCentralの豊富な動画、音声解析技術による自動発音チェックの機能を活用し、毎日違う映像で「音を聞く」「真似する」「違いを発見」「修正する」「定着させる」という発音力向上サイクルを回していきましょう。

　ここからはEnglishCentralを使ったタニケイ式英語発音トレーニングの進め方について、詳しく見ていきます。

EnglishCentralで発音トレーニングをしてみよう

　タニケイ式発音トレーニングの3つのステップである**リスニング、オーバーラッピング、発音チェック**において、EnglishCentralをどのように使っていくのか、詳しく解説します。ぜひ本書を片手にEnglishCentralにログインして、トレーニングを始めてみてくださいね。

　EnglishCentralにはPC版とスマートフォン版（アプリ）がありますが、本書では基本的にスマートフォン版（アプリ）を使って解説をしていきます。

まず動画を選ぼう

　EnglishCentralでアカウントを作り、ログインしたら、まずは発音練習に適した動画を選びましょう。とはいえ、1万4,000本以上もあるさまざまな動画の中から、自分のレベルや興味に合った動画を探すのは大変です。
　そこで、まずはサイドメニューから気になるトピックを選び、動画の数を絞り込んでみましょう。ビジネス、メディア、日常、旅行、アカデミック、キッズといったジャンルごとにトピックが分かれています。

▼ 動画選択画面

　動画の左下には、○、□、◆といった記号と、レベル1から7までの数字があります。これは、各動画のレベルを表しています。

　○が初級（レベル1、2）、□が中級（レベル3、4）、◆が上級（レベル5、6、7）というように、使われている単語や表現の難易度によって、レベルが割り振られているのです。自分の英語レベルを設定しておくことで、それに合った動画だけが出てくるようになっています。

また、動画を選ぶ際に重要なのは、動画の長さです。無料会員の方だと、「話す」メニューで発音練習することができる動画は月に2本のみと限られています。
　2分以上ある長めの動画を選べば、1日10分で1、2文だけトレーニングするなどして、同じ動画をしばらく使ってトレーニングすることは十分可能です。

　有料会員の方は、発音練習できる動画の数に制限はありませんので、好きな数だけ動画を使用しトレーニングすることができます。ですので、1日1本短い動画でトレーニングし、次の日は別の動画でトレーニングをする、という練習計画を立てることも可能です。

　では、EnglishCentralを使ってタニケイ式発音トレーニングのステップ1から始めていきましょう。

ステップ1：リスニング（音の特徴をつかむ）

　EnglishCentralの動画を選んだら**「見る」**のメニューを利用して、早速再生してみましょう。すぐに動画と一緒に発音してみるのではなく、まずはしっかりとリスニングをして、音の特徴をつかみます。

　ここでは、「プレゼンテーション：マーケティング」というタイトルのビジネスジャンルの動画をサンプルとして使うことにします。（http://www.englishcentral.com/video/10402）

画面の下のほうに並んでいる緑の丸は、1文ずつの区切りを表しています。この丸をタップすることで、いちいち停止・再生ボタンを押さずに、同じ文をリピート再生することができます。

　ペンとノートを用意して、動画の英語字幕のうち、発音トレーニングに使いたい部分を書き写します。そして、何度かリスニングをしながら、「どこで音の変化（リンキング）が起こっているか」「どの単語を強調しているのか」「どこでイントネーションを上げているか」など、音の特徴を意識して聞きながら、マークを書き入れてみてください。

ステップ2：オーバーラッピング（音を重ねて発話練習する）

　ステップ1と同じく**「見る」**メニューを使います。ステップ1で音の特徴をつかめたら、「見る」メニューで動画を再生し、その特徴を真似してオーバーラッピング（音を重ねて発話練習）をしてみましょう。

　うまく音が重ねられない場合には、何が原因なのか丁寧に確認しましょう。遅れてしまう場合には、単語と単語がつながって音が変化する部分（リンキング）をきちんと真似できているか確認しましょう。

　リンキングが真似できていれば、あとはリズムとスピードを合わせていけば、重ねられるようになります。スピードが速すぎて真似が難しい場合には、もう少しゆっくりの文に変えてみましょう。
　アクセントやイントネーションもできるだけ意識して、同じような強さ、高さで発音できるようにくり返し練習します。

ステップ3：発音チェック（発音をチェックして修正する）

　動画に合わせて何度か発話練習し、文ごとにスラスラと発話できるようになったら、次はいよいよ録音して発音チェックに挑戦です。EnglishCentralを使う場合には、自分でスマートフォンやICレコーダーなど録音できるものを用意する必要はありません。

　まず、EnglishCentral動画の3つのメニューの中から**「話す」**を選びます。すると、以下のようにセリフ一覧が表示されるので、発音チェックをしたいセリフを選択しましょう。

選択すると、動画が再生されます。再生が終わると、以下のように録音用のマイクボタンが表示されるので、これをタップして発話します。

　発話を終えると、すぐに英語字幕の右側に発音の採点結果が表示されます。そして、下の英語字幕の各単語が、緑（良い）、黄（普通）、赤（苦手）の色に変わります。

また、以下のように「P」というマークが入ってしまったときには、よけいなポーズ（空白）が入っていたということなので、次は止まらずになめらかに読めるように意識してみましょう。

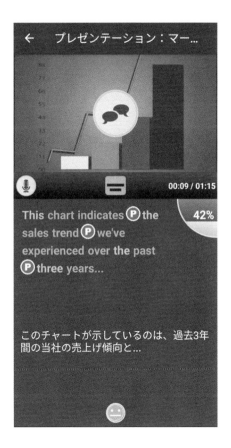

黄色や赤になってしまった単語をタップすると、以下のように画面の上部に詳細なフィードバックが表示されて、単語の中のどの部分の音素が正しく発音できていなかったかが色でわかります。

（実際の画面では各発音記号が緑・黄・赤に色分けされます）

　また、採点結果と同時に、「発音を比較する」というボタンが表示されます。それをクリックすると、先ほど録音した自分の声を再生することができます。
　自分の声をもう一度客観的に聞き、お手本と比較してみることにより、自分はどの発音が苦手なのか、どこを意識して改善していけばいいのかが明確にわかります。

聞き終わると「もう一度」とマイクマークが現れますので、再度チャレンジしてみましょう。

　単語が全部緑になったとしても、点数が100点にならないこともよくあります。アクセントやイントネーションのメリハリをつけて話したり、しっかりリンキングをしてスムーズに話したりすることで、点数が上がっていくことが多いので、細かい発音だけにこだわらず、メリハリやなめらかさも意識して話してみましょう。

なかなか点数が上がらない場合、何度もくり返し挑戦をしたくなるかもしれませんが、同じ文の発話にトライするのは5回程度までにしましょう。

　アクセントやイントネーション、細かい発音などは、意識することでどんどん変わっていきますが、自然な発音は一気に身につくものではありません。日々の発音トレーニングを続けていくことで、徐々に自然な発音が身についていきます。

　今の時点での発音力はこのくらいだということを確認して、そこからだんだん発音力を上げていけるように、あまり点数だけにこだわらずトレーニングを続けましょう。

EnglishCentral 有料会員と無料会員の違い

　EnglishCentral のほとんどの機能は無料で利用できます。しかし、「もっと使いこなしたい」「色々な機能を使ってより深く学びたい」という方のために、有料会員プランもあります。有料会員は以下のような機能を使うことができます。

- ・「学ぶ」のメニューが無制限に利用可
- ・「話す」のメニューが無制限に利用可
- ・発音ページ機能
- ・オンラインマンツーマン英会話「GoLive」

　無料会員の場合、発音チェックができる動画は月2本のみですが、有料会員は無制限で使用することができます。そのほか、苦手な発音記号がひと目でわかる発音ページ機能、オンライン上で講師とマンツーマンの英会話ができる「GoLive」など、有料会員になると使える機能も多くなります。

　有料会員（プレミアム会員）の料金は、支払い期間の単位によって変わりますが、1ヶ月ごとで3,200円、3ヶ月ごとで8,000円（1ヶ月あたり2,667円）、1年ごとで23,000円（1ヶ月あたり1,917円）です（2018年8月現在）。

有料会員向けの機能の中で特に嬉しい機能が、「話す」メニューを使って発音チェックをするたびに、自分の苦手な発音を自動的に記録し、一覧にしてくれる発音ページの機能です。

　この一覧はPC版のみで見られます。PC版のEnglishCentralにログインし、画面右上の地球儀マークのすぐ下にある「発音：（発音記号が4つ並んでいるフィールド）」をクリックすると見ることができます。

> **色の意味**

緑色 … 良い、ネイティブの発音に近い
黄色 … 普通（ほかの日本人と比べて平均的）、ネイティブの
　　　　発音と乖離（かいり）がある
赤色 … 苦手、ネイティブの発音との乖離が大きい
灰色 … 診断をするのに十分な量の録音がなされていない

第 6 章　EnglishCentral を使ったタニケイ式発音トレーニング

　ここで苦手な発音をクリックすると、その発音を練習するための動画を視聴することもできます。

　私もこうした EnglishCentral の機能が気に入って、発音トレーニングに使ってきたのですが、機能面だけでなく、ゲーム感覚で楽しんで発音を改善していけるところがとても魅力的なツールです。
　英語を学んでいる方、特に楽しく学びたい方には、ぜひこのツールを知っていただきたい、ということで、本書で紹介させていただきました。
　EnglishCentral をご存知だった方もそうでない方も、本書をきっかけに、この魅力的な学習ツールを使ってみていただけたら嬉しいです。

Appendix
発音記号と仲良くなろう

　第 2 章、第 3 章でもお伝えしましたが、単語単位や音素単位の細かい発音だけにこだわってしまうと、英語のコミュニケーションにおいて伝わる発音に変える方法としては効率が悪くなってしまいます。とはいえ、もちろん細かい発音も大事です。

　たいていの場合、多少発音が間違っていたとしても、文脈で意味を判断してもらえますが、それでも誤解されるリスクや、聞き取る相手の労力のことを考えると、できるだけ正確な発音で話せるようになりたいですよね。
　ここでは、そうした細かい発音の改善にどのように取り組めばいのか、その方法をご紹介します。

　細かい発音を改善していくためには、発音記号ごとの正しい発音の仕方を知っていると、とても便利です。耳で聞いて真似をしようとしても、なかなか似た音を出すのは難しいものです。
　口をどのくらい開くといいのか、どんな口の形を作ればいいのか、息はどのくらい出せばいいのか、といった発音のコツを知って、正しい音を出す練習をしましょう。

Appendix　発音記号と仲良くなろう

　タニケイ式発音トレーニングでは、文単位で発音練習をしていきますが、その中で単語単位や音素単位の発音に違和感があった場合には、その部分の発音記号を確認してください。
　そして、その発音記号の発音の仕方を見直し、修正していけると、細かい発音もどんどん改善していきます。

　単語ごとの発音記号は、辞書で確認することができます。オンラインの英和辞書などでも発音記号は載っていますので、気になったら確認するようにしましょう。
　そのうちに、自分の苦手な発音記号が見つかります。そのときには、集中的にその発音記号の発音の仕方を練習しましょう。

　それでは、母音から見ていきましょう。

■ **発音記号一覧表（母音18音）**

　母音の18音のうち、似ている音や一緒に練習するといい音を、色つきの四角で囲んで一緒にしています。たとえば、一番上の段の4つの音は、どれも日本語の「ア」に近い音で、少しずつ発音の仕方が違うものですので、その違いを意識しながら練習しましょう。

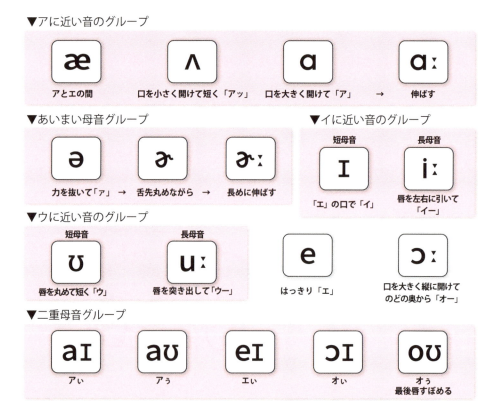

◎アに近い音のグループ

[æ]

小文字のaとeがくっついたようなこの記号は、「ア」と「エ」の中間のような音です。「エー」と言いながら、だんだんあごを下げていき、「ア」になる前に止めると、この音が出せます。

🔊 音声 60

cat [kǽt]（猫）
hat [hǽt]（帽子）
bad [bǽd]（悪い）

[ʌ]

このとがった山型の発音記号は、口を日本語の「ア」より小さく開けて、短く鋭く「アッ」と発音します。驚いて思わず声が出てしまったときのような音です。

🔊 音声 61

cup [kˈʌp]（カップ）
duck [dˈʌk]（あひる）
mother [mˈʌðɚ]（母）

[ɑ]

この発音記号は、日本語の「ア」よりも大きめに口を開けて、はっきり「ア」と発音します。あくびをする直前のように、のどを開いて声を出しましょう。

🔊 音声 62

pot [pɑ́t]（なべ）
odd [ɑ́d]（奇妙な）
contest [kɑ́ntest]（コンテスト）

[ɑː]

この「ː」の記号は、母音を長く伸ばすときに使います。つまり [ɑ] を長く伸ばすと、この発音になります。

🔊 音声 63

father [fɑ́ːðɚ]（父）
palm [pɑ́ːm]（手のひら）
calm [kɑ́ːm]（落ち着いた）

Appendix　発音記号と仲良くなろう

◎あいまい母音グループ

[ə]

小文字のeを逆さまにしたようなこの発音記号は「あいまい母音」、英語では Schwa（シュワ）という名前で呼ばれます。その名の通り、あいまいな母音で、単語の中の位置や前後の音によって、色々な音に変わります。

口を小さめに開けて、力を抜いて「ァ」と言うと発音できます。この発音は母音の中で一番多く出てくる音で、アクセントがない位置の母音によく使われます。

🔊 **音声 64**

about [əbáʊt]（〜について）
alive [əláɪv]（生きた状態で）
parade [pəréɪd]（パレード）

[ɚ]

辞書によっては [ər] と表記することもあります。[ə] のように口を小さめに開けて、力を抜いて「ァ」と言いながら、舌先を丸めて [r] のような音を鳴らします。舌先を巻きすぎないように注意してください。

🔊 **音声 65**

surprise [sɚpráɪz]（驚き）
manner [mǽnɚ]（方法）
comfort [kˈʌmfɚt]（快適）

[ɚː]

辞書によっては [əːr] と表記することもあります。上の [ɚ] を少し長めに伸ばすようにします。伸ばしている間に舌先を巻きすぎないように気をつけましょう。

🔊 **音声 66**

world [wˈɚːld]（世界）
purse [pˈɚːs]（財布）
curl [kˈɚːl]（丸まる）

◎イに近い音のグループ

[I]

短母音の [I] は、日本語の「イ」よりもあごを落として、「エ」に近い音で発音します。「エ」と言うときの口の形を作って「イ」と言ってみましょう。そのとき、唇に力が入りすぎないように注意します。

🔊 音声 67

this [ðɪs]（これ）
pick [pɪk]（拾う）
bill [bɪl]（紙幣）

[iː]

長母音の [iː] は、唇の両端を左右に引っ張るようにして、思いっきり「イー」と言いましょう。

🔊 音声 68

keep [kíːp]（保つ）
sheep [ʃíːp]（羊）
leap [líːp]（跳ぶ）

◎ウに近い音のグループ

[ʊ]

短母音の [ʊ] は、それほど唇を突き出さずに、軽く「ゥ」と発音します。

🔊 音声 69

cook [kˈʊk]（料理する）
book [bˈʊk]（本）
put [pˈʊt]（置く）

[uː]

長母音の [uː] は、しっかり唇を丸く突き出して、「ウー」と言うようにします。

🔊 音声 70

pool [púːl]（プール）
cool [kúːl]（涼しい）
rule [rúːl]（ルール）

Appendix　発音記号と仲良くなろう

◎日本語と同じように発音しよう

[e]

日本語の「エ」と同じような音ですが、唇の両端をしっかり左右に引いて発音しましょう。

🔊 音声 71

melon [mélən]（メロン）
enter [éntɚ]（入る）
fellow [félou]（仲間）

◎口を大きく開けて発音しよう

[ɔː]

のどを大きく開けて、口も縦に大きめに開けます。「オー」と伸ばします。発音する人によっては「アー」に聞こえることもあります。

🔊 音声 72

autumn [ˈɔːtəm]（秋）
caught [kˈɔːt]（捕まえた＜catch の過去形・過去分詞＞）
lawn [lˈɔːn]（芝生）

◎二重母音は最初をはっきり

二重母音とは、母音が2つ続いている音です。最初の母音をはっきり発音して、次の母音に自然と移っていきます。

[aɪ]

最初の母音をはっきり発音して、次の母音を軽く添えるように、「アぃ」と発音します。

🔊 音声 73

site [sáɪt]（敷地）
bike [báɪk]（バイク）
cycle [sáɪkl]（周期）

[aʊ]

最初の母音をはっきり発音して、次の母音を軽く添えるように、「アぅ」と発音します。

🔊 音声 74

cow [káʊ]（牛）
noun [náʊn]（名詞）
allow [əláʊ]（許す）

Appendix 発音記号と仲良くなろう

[eɪ]

最初の母音をはっきり発音して、次の母音を軽く添えるように、「エぃ」と発音します。

🔊 音声 75

lake [léɪk]（湖）
rain [réɪn]（雨）
place [pléɪs]（場所）

[ɔɪ]

最初の母音をはっきり発音して、次の母音を軽く添えるように、「オぃ」と発音します。

🔊 音声 76

coil [kˈɔɪl]（コイル）
oyster [ˈɔɪstɚ]（牡蠣）
employ [ɪmplˈɔɪ]（採用する）

[oʊ]

最初の母音をはっきり発音して、次の母音を軽く添えるように、「オぅ」と発音します。[ɔ:] のように「オー」と伸ばさず、「ぅ」の形で唇をすぼめて言い終わります。

🔊 音声 77

coat [kóʊt]（コート）
hole [hóʊl]（穴）
oath [óʊθ]（誓い）

■ 発音記号一覧表（子音 24 音）

　次に子音 24 音を紹介します。子音は 2 つずつセットで覚えるといいものがたくさんあります。それらは、無声音（声は出さず息だけを出す）と有声音（声を出す）のセットです。このセットの場合、唇の形や舌の位置は同じなので、一緒に練習しましょう。そのほか、鼻から息を出して発音する [m][n][ŋ] の 3 つはセットで練習するといいでしょう。

◎無声音と有声音のセット

[p] と [b]

いずれも唇を一回閉じて、そこから息を破裂させるように発音します。[p]は「プッ」と息だけを出し、[b]は「ブッ」と声も出します。

🔊 音声 78

peach [píːtʃ]（桃）
beach [bíːtʃ]（浜辺）

[t] と [d]

唇を軽く開けて、舌先を上の歯の裏（歯ぐきあたり）につけ、そこから空気を破裂させるように発音します。[t]は「トゥッ」と息だけを出し、[d]は「ドゥッ」と声も出します。

🔊 音声 79

tall [tˈɔːl]（背の高い）
doll [dˈɔl]（人形）

[k] と [g]

唇を軽く開けて、舌は自然に置いたまま、口の中で空気を破裂させるようにして発音します。[k] は「クッ」と息だけを出し、[g] は「グッ」と声も出します。

🔊 音声 80

cold [kóʊld]（冷たい）
gold [góʊld]（金）

[s] と [z]

上下の歯のすき間を狭くして、前歯から空気を勢いよく細く出して発音します。[s] は「スッ」と息だけを出し、[z] は「ズッ」と声も出します。

🔊 音声 81

course [kˈɔɚs]（コース）
cause [kˈɔːz]（原因）

[θ] と [ð]

これはスペルが th のときの音です。舌先を軽く上下の歯で挟むか、舌先が上の前歯の裏側に触れた状態で、舌と歯のすき間から息を出して発音します。[θ] のほうは「スッ」と息だけを出し、[ð] のほうは「ズッ」と声も出します。

🔊 音声 82

theme [θíːm] (テーマ)
them [ðém] (彼らを)

[ʃ] と [ʒ]

[ʃ] のほうは日本語の「シュ」に非常に近い音です。舌を持ち上げて、口の中のすき間を狭くして、両側から息だけを出します。[ʒ] は「ジュ」と声も出します。舌が口の中の天井につかないように、ぎりぎりまで狭くするだけにします。

🔊 音声 83

cash [kǽʃ] (現金)
treasure [tréʒɚ] (宝物)

[tʃ] と [dʒ]

舌先を上の歯ぐきにつけて、それを離す瞬間に発音します。[tʃ] は「チッ」と息だけを出し、[dʒ] は「ヂッ」と声も出します。

🔊 音声 84

match [mǽtʃ]（つりあう）
edge [édʒ]（ふち）

[f] と [v]

上の歯が下唇に軽く触れた状態で、そのすき間から発音します。[f] は「フ」と息だけを出し、[v] は「ヴ」と声も出します。

🔊 音声 85

fest [fést]（祭）
vest [vést]（ベスト）

◎ [l] と [r]

[l]

舌先を上の歯の裏（歯ぐき）にしっかりとつけてから、離すときに「ル」という音を出します。

🔊 音声 86

lip [líp]（唇）
loop [lúːp]（輪）
lease [líːs]（賃貸する）

[r]

舌先はどこにもつけません。舌を口の中で軽く丸め（巻きすぎないように注意）、「ル」と「ウ」の間の音を出します。犬のうなり声のように「ウー」と言いながらのどを鳴らすと [r] の音が出やすい人もいます。

🔊 音声 87

rip [ríp]（切り裂く）
roof [rúːf]（屋根）
wreath [ríːθ]（花輪）

◎ [m] [n] [ŋ] の3つ

この3つはどれも、鼻から空気を抜いて発音する音です。
[m] は唇を閉じたまま「ム」と発音します。[n] は唇は軽く開けて、舌先を上の歯の裏 (歯ぐき) にくっつけて「ヌ」と発音します。
[ŋ] は鼻から空気を抜くようにして「ング」という音を出します。

🔊 音声 88

memory [méməri]（思い出）
knowledge [nάlɪdʒ]（知識）
string [stríŋ]（糸）

◎その他の子音

[h]

[h] は [f] の音と混同されやすいのですが、発音の仕方は全く違います。[h] を発音するときには、口を開けたまま、のどの奥から空気を「ハーッ」と勢いよく出すようにします。

🔊 音声 89

hockey [hάki]（ホッケー）
hurry [hˈɚːri]（急いで）
hammer [hǽmɚ]（ハンマー）

[w]

[w] の音は唇を一旦すぼめて、それを「ゥワッ」と素早く言いながら元に戻したときに出る音です。

🔊 音声 90

week [wíːk]（週）
wing [wíŋ]（羽）
white [wάɪt]（白）

[j]

[j] の音は、スペルとしては y で表す音です。母音のようにも聞こえますが、一応子音に分類されています。日本語で「ヤユヨ」を言うときの最初の音を伸ばすようにすると、それが [j] の音です。日本語で「ギ」と言うときの口の形を保って、そのまま「イ」と言うと [j] の音が出やすくなります。

🔊 音声 91

you [júː]（あなた）
yes [jés]（はい）
year [jíɚ]（年）

以上、母音と子音の発音記号ごとの発音方法を紹介しました。ここで一気に覚えようとする必要はありません。まずはこうした発音記号の存在を知ることができれば十分です。

　あとは、実際に発音トレーニングを始めてから、自分の発音に違和感があるときに辞書で発音記号を確認し、発音修正をするときの助けにしていきましょう。巻末付録の発音記号一覧表も切り取って活用してくださいね。

特に要注意の発音を練習しよう

[θ] と [s] の音を使い分けよう

　th の無声音の [θ] は日本語にない音ですが、これを [s] で発音してしまうと、ときどきおかしな意味になってしまいます。

　たとえば、

🔊 音声 92　　**I'm thinking now.**（私は今考えています）

この thinking を正しく発音できないと、こうなってしまいます。

🔊 音声 93　　**I'm sinking now.**（私は今沈んでいます）

ほかにも、

🔊 音声 94　　**It's too thin.**（薄すぎるよ）

の thin を [s] で発音してしまうと

🔊 音声 95　　**It's two sin.**（2 つの罪です）

ということになってしまうかもしれません（文法的には間違っていますが）。

こんなふうに、発音が多少間違っていても前後の文脈で判断できることが多いとはいえ、一部の発音を間違えたことによって違う意味で受け取られてしまう可能性もあります。

　[θ] の音は、正確に出そうとすると難しいかもしれませんが、[s] の発音になってしまうくらいなら、[t] に近い音で発音してしまったほうが伝わるでしょう。I sink よりは「I ティンク」のほうが伝わるはずです。

2 種類の [l] エル

　さて、[l] の発音については、舌先を上の歯の裏側にペタっとつける、というふうにお伝えしましたが、実は [l] にはもう1つの発音があります。それは**「暗い L（Dark L）」**と呼ばれる発音です。

　[l] のあとに母音がつかない場合、つまり次が子音だったり、[l] で終わる場合には、[l] の音が母音の「ウ」や「オ」のような音になるのです。これが「暗い L」です。では「暗い L」の例を聞いてみましょう。

🔊 音声 96

milk [mílk]（牛乳）
help [hélp]（助ける）
self [sélf]（自己）
cold [kóuld]（冷たい）
simple [símpl]（簡単な）

　舌先を上の歯の裏側にペタっとつける発音は**「明るい L」**と呼ばれますが「明るい L」で発音するのは [l] のあとに母音が続くとき。それ以外の [l] は「暗い L」になります。

[l] と [r] をまとめて練習しよう

　[l] と [r] はどちらも日本語のカタカナにするときに、ラ行で表されることが多いため、自分で発音するときにも混同してしまう人が多い音です。しかし、実は [l] と [r] はかなり違う音です。
　理屈でわかっていても、とっさに発音しようとするとやっぱり難しい [l] と [r]。
　この 2 つは日頃から意識して言い分ける練習をしておくことをおすすめします。どのように練習するのがいいのでしょうか。

　おすすめは [l] と [r] が両方入った単語で練習することです。ゆっくりでかまいませんので [l] と [r] の発音を意識しながら、以下の単語を練習してみてください。

🔊 音声 97

really（本当に）
liberal（自由主義の）
plural（複数の）
release（解放する）
replenish（補充する）
preliminary（予備的な）

いくつかの単語をつなげて、その中に [l] と [r] を混ぜるのもいいですね。たとえば

🔊 音声 98

list of rings（指輪のリスト）
rusted lamp（さびたランプ）
sorrow of fellow（仲間の悲しみ）
random landing race（行き当たりばったりの着陸レース）
very rare belly dance（とても珍しいベリーダンス）

さらに、英語の早口言葉（Tongue Twister）の中にも、[l] と [r] が両方練習できるものがあります。これも練習してみましょう。

🔊 音声 99

Red lorry, yellow lorry（赤いトラック、黄色いトラック）
Truly rural（本当に田舎の）
How can a clam cram in a clean cream can?
（なぜきれいなクリームの缶に貝がぎっしり詰まってるの？）

以上、発音記号ごとの発音方法や、特に要注意の発音の練習方法をご紹介しました。

　発音記号ごとの発音をもっと丁寧に練習していきたい方は、以下のような書籍を使って練習してください。特にDVDで動画を観ることができると、発音練習をするときの助けになります。鏡で自分の口の開き具合なども確認しながら、同じ音が出せるように練習してみましょう。

おすすめの書籍

『DVD&CDでマスター 英語の発音が正しくなる本』
（鷲見由理著／ナツメ社）
　DVDで動画を確認できるだけでなく、書籍中にも口をどのくらい開けたらいいかがわかる写真が載っているため、初めて発音練習をする人におすすめのわかりやすい書籍です。

『DVD&CD付 日本人のための英語発音完全教本』
（竹内真生子著／アスク）
　さらに細かい発音を極めたい人向けの書籍です。呼吸法や筋肉の使い方から解説されています。こちらもDVD付きですので、動画を観ながら練習していきましょう。

あとがき

　本書をお読みいただき、誠にありがとうございます。

　昨年出版した『TOEICリスニング満点コーチが教える 3ヶ月で英語耳を作るシャドーイング』、今年5月に出版した『学校では教えてくれない！1ヶ月で洋書が読めるタニケイ式英語リーディング』に続き、3冊目の出版となる本書では、英語のコミュニケーションに欠かせない「伝わる発音」を身につけるための効果的なトレーニングをご紹介しました。

　「英語の発音なんて、通じればいい」と言う人もいます。たしかに、発音を気にしすぎて話せなくなるくらいなら、どんどん話しましょうと、私も言いたいところです。でもそうやって話した英語が通じなくて、相手に何度も聞き返されてしまうと、自信をなくしたり、英語を話すことが嫌いになってしまうかもしれません。

　私が発音トレーニングをおすすめするのは、相手に負担をかけないでスムーズにコミュニケーションができるようにするため、そして自分が自信を持って英語を話せるようになるため、という2つの理由からです。

　伝わる発音を身につけられると、ストレスなくコミュニケーションができるだけでなく、英語を話すことに自信が持てて、話すことが楽しくなります。本書を読んでくださった方が、発音トレーニングを通じて、英語を話す楽しさを知っていただけたら大変嬉しいです。

あとがき

　本書の出版にあたっては、たくさんの方々にご協力いただきました。今回も素敵な表紙とブックデザインを作ってくださった藤原夕貴さん、見やすい図版や発音記号表を制作してくださった田中清加さん、一生懸命発音トレーニングに励むかわいいキャラクターのイラストを制作してくださった　かおるこさん、一緒に発音トレーニングのトライアルをしながら本書の構成や見せ方を考えてくれた、編集者の玉村優香さんと渡鳥右子さん、本当にありがとうございます。

　また、英文監修とナレーションは、私の尊敬する英語教育の師匠である James Alvis Carpenter 氏にお引き受けいただきました。IT ツールやオンライン教材を駆使した独創的で効果的な Carpenter 氏の英語教育によって、私の英語運用能力は短期間で飛躍的に伸びました。本書へのご協力に感謝するとともに、引き続きのご指導をよろしくお願い申し上げます。

　そして、出版社プチ・レトルの社長でもある夫と、その笑顔で毎日私を元気にしてくれる息子の涼真。いつもありがとう。

　「伝わる発音」は英語で自分の言いたいことを伝えるのに必要な力です。それを身につけることで、夢をかなえたり、新しい夢を持つきっかけになるかもしれません。本書がその一助になれば、この上ない幸せです。

2018 年 9 月
ワクワク英語学習コーチ
谷口恵子（タニケイ）

[参考文献]

『英語音声学入門』(竹林滋、斎藤弘子) 大修館書店
『英語の発音パーフェクト学習事典』(深沢俊昭) アルク
『大人の英語発音講座 (生活人新書)』(英語音声学研究会) NHK出版
『日本人のための英語音声学レッスン』(牧野武彦) 大修館書店
『DVD&CD付 日本人のための英語発音完全教本』(竹内真生子) アスク
『DVD&CDでマスター 英語の発音が正しくなる本』(鷲見由理) ナツメ社

[著者]
谷口 恵子（たにぐち・けいこ）
ワクワク英語学習コーチ　TOEIC 985 点・通訳案内士

2002 年東京大学法学部卒業。日本オラクルにてサポートエンジニア、IR（投資家対応）を担当。2008 年からソニーにて調達部門の危機管理や取引先企業の経営分析を担当。2013 年より英語学習コーチとして活動を始め、個人向け講座、オンラインセミナー、企業研修等で、「楽しみながら続けられて本当に効果が出る英語学習」を広めている。
著書に『TOEIC リスニング満点コーチが教える 3ヶ月で英語耳を作るシャドーイング』『学校では教えてくれない！1ヶ月で洋書が読めるタニケイ式英語リーディング』あり。

[英文監修者]
James Alvis Carpenter
（ジェームズ・アルヴィス・カーペンター）

米国南部、アリゾナ州フラッグスタッフ生まれ。アリゾナ大学にて、クリエイティブライティングを専攻課目、中国語を副専攻課目とし学士号を取得。アリゾナ大学の第二言語英語センターにて「第二言語または外国語としての英語」の教師として認定され、2009年より教壇に立つ。2011年から2013年にかけて、北アリゾナ大学にてTeaching English to Speakers of Other Languages（TESOL）修士号と教育工学修士号を取得。この頃、北アリゾナ大学の集中英語プログラムにて、コンピューターを使った言語学習コースである4スキル（リスニング、スピーキング、リーディング、ライティング）アカデミック英語準備コースを教える。現在は日本の大学で英語を教え、学生たちが英語を活用して実りある人生を送れるように尽力している。

既刊本のご紹介

TOEIC リスニング満点コーチが教える
3ヶ月で英語耳を作るシャドーイング

定価：1,800円+税

目次

第1章	なぜシャドーイングでこんなにも英語が上達するのか
第2章	確実にリスニング力を上げるタニケイ式シャドーイング
第3章	シャドーイングの効果倍増 おすすめ教材と使えるツール
第4章	3ヶ月のタニケイ式シャドーイングを実践してみよう【練習教材12回分】
第5章	3ヶ月でTOEIC100点アップするレベル別対策法
第6章	英語を聞き取るために絶対知っておきたい3つのコツ
第7章	短期集中＆効果的な方法で単語を覚えよう
第8章	英語力をどんどん上げる8つのコミュニケーション実践

既刊本のご紹介

学校では教えてくれない！
１ヶ月で洋書が読める
タニケイ式英語リーディング

定価：2,200 円＋税

目次

- 第１章｜タニケイ式リーディングで洋書が読めるようになる
- 第２章｜英語の読み方を変える１ヶ月集中速読トレーニング
- 第３章｜今日から使える速読トレーニング実践用教材
- 第４章｜ブレイン・ボキャビルで１ヶ月1000単語を覚えよう
- 第５章｜Kindle活用で洋書リーディングを習慣化
- 特別付録｜洋書を読むためにまず覚えるべき厳選1000単語リスト

1日10分！
楽して伝わるタニケイ式英語発音トレーニング

2018年10月2日　初版第1刷発行

著者　　　　　　　　　谷口 恵子

[制作]
編集　　　　　　　　　玉村 優香 / 渡鳥 右子
英文監修・ナレーション　James Alvis Carpenter
表紙・ブックデザイン　藤原 夕貴
イラスト　　　　　　　かおるこ
図版制作　　　　　　　田中 清加
校正　　　　　　　　　株式会社ぷれす
印刷・製本　　　　　　中央精版印刷株式会社

[発行情報]
発行人　　　　　　　　谷口 一真
発行所　　　　　　　　プチ・レトル株式会社
　　　　　　　　　　　115-0044 東京都北区赤羽南2-6-6
　　　　　　　　　　　　　　スカイブリッジビル地下1階
　　　　　　　　　　　TEL:03-4291-3077　FAX:03-4496-4128
　　　　　　　　　　　Mail:book@petite-lettre.com
　　　　　　　　　　　http://petite-lettre.com

ISBN 978-4-907278-68-7
乱丁本・落丁本は送料小社負担にてお取り替えいたします。

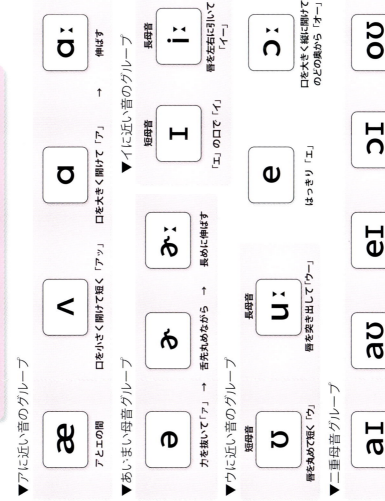

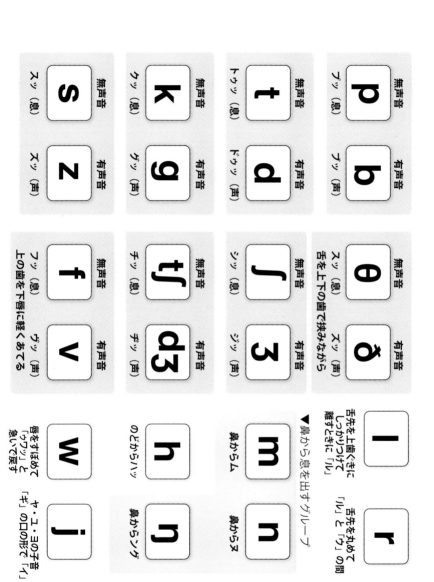